KB245979

월街,
이렇게 쓰러졌다

월街,
이렇게 쓰러졌다

초판 1쇄 발행 2009년 10월 10일

지은이 | 최진욱 · 김동섭

펴낸이 | 정명진

북디자인 | 정다희

펴낸곳 | 도서출판 부글북스

등록번호 | 제300-2005-150호

등록일자 | 2005년 9월 8일

주소 | 서울시 노원구 하계동 279번지 청구빌라 101동 203호

우편번호 | 139-872

전화 | 02-948-7289

팩스 | 02-948-7269

전자우편 | 00123korea@hanmail.net

ISBN 978-89-92307-40-6-03320

월街, 이렇게 쓰러졌다

최진욱 · 김동섭 지음

금융위기는 과거에도 있어 왔고
앞으로도 계속된다

2008년 가을에 불어 닥친 미국 금융위기는 미국 정부와 기업, 국민들의 실책에 의해 발생했다. 장기간 저금리 정책을 고수했던 연방준비은행, 주택융자를 무차별적으로 해준 금융기관, 신용등급을 부풀린 신용평가회사, '채권화'를 통해 무제한 유동성을 제공한 정부후원기관이 책임을 면키 어렵다.

물론 자기 본분도 모르고 과도하게 대출을 받은 미국 국민, 위기 상황에서 갈팡질팡한 재무부 및 정부기관들……. 모두 위기를 유발시키고 증폭시킨 책임이 있다.

하지만 불행하게도 이번 금융위기는 미국만의 것이 아니었다. 전 세계를 뒤흔들면서 금융시장의 불안감을 증폭시키고 경제성장을 둔화시켰다.

그 책임을 따지지 않을 수 없다.

중국을 비롯한 몇몇 국가들이 국제무역의 기축통화인 달러에 대해 불신감을 표출했지만 오래가지는 못했다. 미국의 달러를 교체할 만한 통화가 아직은 없기 때문이다. 그렇다면 싫든 좋든 앞으로도 미국은 세계 자본시장의 중심에 자리할 것이며 당분간은 미국 없는 세계적 자본시장은 존재할 수 없음이 이번 위기를 통해 다시 한 번 명백해졌다.

한국은 이번 금융위기의 본질을 제대로 이해해야 하고 또 앞으로 변화될 미국의 금융시장과 제도를 잘 알아야 한다. 그래야 또 다른 위기가 오더라도 충격을 견딜 수 있다.

이런 시각에서 이 책을 집필하게 됐다.

이번 미국 금융위기의 진행 상황을 종합해 정리함으로써 한국 정부와 금융기관 그리고 국민들에게 참고가 되길 바라는 마음에서다.

또 수치에 근거한 상황 분석뿐만 아니라 위기를 해결해야 했던 당사자들의 고뇌와 한계, 그리고 그에 따른 예상 밖의 파급효과에도 초점을 맞췄다.

앞으로는 금융위기가 닥치지 않기를 바란다. 그러나 그런 바람은 희망일 뿐이다. 파장의 크기만 다를 뿐 위기는 쉼 없이 닥쳐왔고 또 극복됐다. 미래에 덮칠 지도 모를 또 다른 금융위기에 더 합리적으로 대처할 수 있는 지혜를 독자들에게 줄 수 있다면 만족한다.

1년 동안 시카고에서 두 저자가 급박하게 진행되던 미국의 금융위기를 함께 고민하고 토론할 수 있는 기회를 마련해 준 중앙일보에 감사드린다.

　부족한 내용으로 채워진 책을 잘 출간해 준 정명진 사장 등 부글북
스 직원들께도 감사 인사를 드리고 싶다.

　또 재정적 지원을 해 준 시카고 드폴대학교(DePaul University) 경제학
과에 고마움을 전한다.

　가장 감사하는 사람은 가족이다. 책을 쓴답시고 집안일에 소홀했던
저자를 이해해 준 아내(김희영)와 딸 줄리(Juliana), 아들 준오(Jonathan)
에게 영원히 사랑한다고 말하고 싶다.

2009년 9월

시카고 빌딩 숲에 파묻혀 있는 드폴대 연구실에서

최진욱

(jchoi@depaul.edu)

이젠 위기가 일상이다

나는 이 책의 출간에 기여한 게 별로 없다.

회사의 배려로 2008년 미국 연수를 떠났고 최진욱 교수님과 10여 년간 친분을 유지한 게 이 책에 이름을 올리는 이유라면 이유다.

최 교수님의 배려로 시카고 드폴대에 초빙연구원 자격으로 머물렀다. 연구실은 물론 컴퓨터, 전화기까지 제공해준 드폴대에 감사 드린다.

그러던 중 미국 금융위기를 두 눈으로 보게 됐다. 물론 우리 가족을 포함한 시카고 거주자들도 예외는 아니었다.

"이 모든 것을 기록으로 남기자."

교수님의 제안을 거부할 이유가 나에게는 없었다. 오히려 기쁘게 감사해야 할 상황이었다.

교수님께서 집필하시고 나는 심부름만 했다.

미국식 표현을 한국식으로 고치는 것, 독자의 눈높이에 맞춰 글을 쉽게 쓰는 것, 어려운 용어를 풀어 쓰는 것……. 이런 일들이 내가 한 일의 전부다.

공동저자로 이름을 올리는 게 부끄러울 따름이다.

"김 부에디터가 없었다면 이 책은 나오지 않았을 것"이라는 최 교수님의 과분한 칭찬에 용기를 얻었다.

미국 금융위기가 본격화한 지 1년이 지났다.

한국에선 위기를 극복했다는 낙관론이 팽배하다. 기업 실적도 좋아지고, 주가도 오르고, 집값도 위기 이전 수준을 회복했다.

그러나 아직 안심하긴 이르다. 세계 경제의 80%를 차지하는 미국과 유럽은 아직 바닥을 벗어나지 못하고 있다. 줄줄이 국제통화기금(IMF) 구제금융을 받은 동유럽 국가들은 여전히 경제성장률이 떨어지고 실업률이 치솟는 고통을 당하고 있다.

언제 또 다시 세계 금융위기가 닥칠지 모를 상황이다. 미국 금융위기를 제대로 진단하고 대처하는 데 이 책이 조금이라도 도움이 된다면 더 바랄 게 없겠다.

2008년 한 해 동안 온전히 미국에서 가족과 지내면서 책 읽을 기회를 주신 중앙일보에 감사드린다.

서울대 경영학 석사(글로벌MBA) 과정을 마치고 중앙일보로 복귀한 후배 김필규 기자가 책 정리에 큰 도움을 줬다.

두 아들을 데리고 미국으로 떠난 지 10년. 어려움 속에도 꿋꿋하게 살면서 아이들을 잘 키워준 아내(이영희)에게 이 책을 바친다. 곧 일

리노이 주립대를 졸업할 큰 아들(성모)이 바른 사람으로 자라기를, 자
폐를 앓고 있지만 씩씩하게 생활하며 직업학교에 열심히 다니고 있
는 둘째(성근)가 세상과 소통하기를 간절히 기도드린다.

2009년 9월
중앙일보가 보이는 중림동 오피스텔에서
김동섭
(donkim@joongang.co.kr)

차례

지은이의 글 5

1장 일상이 되어 버린 위기 15

2장 위기는 모두의 합작품이다 27
2007년 상반기-금융위기의 시작 / 2007년 하반기-점점 심각해져 가는 금융위기
2008년 1분기-가속이 붙은 금융위기 / 2008년 2분기-소문이 소문이 아니었네
2008년 3분기-걷잡을 수 없는 수렁 / 2008년 4분기-구제금융안들이 홍수를 이루다
2009년 1분기 – 아직 발등의 불도 꺼지지 않아/ 2009년 2분기-정돈되어 가는 금융위기

3장 경제위기의 원인은 어디에 있을까? 91
가설 1: 저금리 정책이 원인이다 /가설 2: 정치인들의 선심공약이 문제였다/
가설 3: 정경유착의 부조리가 주범이다 / 가설 4: 주택융자 브로커들의 '묻지마' 식 대출이
원흉이다 / 가설 5: 주택융자업계의 비도덕성이 주범이다 / 가설 6: 신용평가회사들의 직
무유기가 문제였다 / 가설 7: 패니메이와 프레디맥이 유동성을 지나치게 제공한 것이 문제
였다 / 가설 8: 감독기관의 능력 부족 및 불찰이 원인이다

4장 금융위기 해결책으로 나온 정책들의 허와 실　.....133

　　정책도 없었고, 그나마 마련한 정책을 집행할 능력도 부족했다
　　문제 해결에도 부작용이 따른다

5장 금융기관 외에 개인이나 단체를 위한 구제금융 지원책의 허와 실　.....167

　　주택대출 연체자를 구제하기 위한 지원책 / 지방자치단체를 위한 구제금융
　　디트로이트 자동차 3사를 위한 구제금융 / 가전제품업계를 위한 구제금융

6장 금융위기가 몰고 올 변화　.....183

　　경제이론에 예상되는 변화 /경제 실무에 예상되는 변화

7장 미국 금융위기의 터널은 언제 끝날까?　.....207

8장 미국의 금융위기가 한국엔 어떤 메시지를 던질까?　.....219

1장
일상이 되어 버린 위기

현대 문명이 아무리 발전을 거듭해도 사람의 심리를 정확하게 예측하지 못하는 한, 예상 밖의 위기는 앞으로도 수없이 거듭될 것이 분명하다. 특히 금융위기가 그렇다. 많은 국가들이 과거에도 수없이 경험한 역사적 사실인데도 지금 역시 3~5년을 주기로 위기가 계속 발생하고 있다. 최근의 예만 보더라도 1994년 발생한 멕시코 환율위기, 1997년 아시아 및 한국의 금융위기, 2002년 아르헨티나의 재정위기를 비롯해 2007년의 미국 주택금융위기를 꼽을 수 있다.

세계 경제의 중추인 미국도 예외가 아니다. 2000년 IT(정보통신)산업과 맞물린 '닷컴 거품'(Dot Com Bubble)이 꺼지면서 이듬해 경기침체를 겪어야 했다. 2001년 9·11 테러와 아프가니스탄 전쟁, 2003년 시작된 이라크 전쟁은 회복을 시작하려는 미국 경제에 찬물을 끼얹었다.

이어 2005년 1,000억 달러 이상의 손실을 안겨준 허리케인 카트리나(Katrina)의 급습과 2007년 주택금융위기, 그리고 2008년 농산물 및 유가 급등에 따른 원자재가격 파동이 이어지며 계속 경제를 흔들었다. 21세기 들어서는 하루도 편할 날이 없었다 해도 과언이 아닐 정도다.

그 중에서도 이번에 발생한 금융위기는 여느 때보다 파괴력이 컸다. 미국에만 국한된 지역적 위기가 아니라 전 세계 경제를 위협하는 엄청난 규모의 '쓰나미'(Tsunami)와 같은 위기였기 때문이다.

여러 형태의 위기 중에서도 특히 금융위기에 관한 연구 분석이 가장 활발했다. 많은 학자들이 위기의 근본 원인과 해결책을 찾아내려고 머리를 싸매고 있는 것이다. 대표적인 인물이 현재 미국의 중앙은행인 연방준비제도이사회(FRB: Federal Reserve Board) 의장을 맡고 있는 벤자민 버냉키(Benjamin Bernanke)다. 그는 1930년대 미국 대공황을 집중 연구하여 명성을 얻은 유명한 경제학자다.

그렇다면 지금까지 무수히 많은 연구가 이뤄졌음에도 새로운 위기가 닥칠 때마다 매번 그 앞에서 갈팡질팡하는 이유는 뭘까? 이번 금융위기만 해도 그렇다. 아직까지 해결책은커녕 원인조차 제대로 규명하지 못하고 있는 것이 현실이다. 거듭 위기를 겪고 있는데도 원인과 해결책을 명쾌하게 내놓지 못하고 있는 이유는 모두가 위기에 지나치게 학구적으로 접근하고 있는 탓이다. 현실에서 일어나는 무수한 변수들의 움직임을 제대로 감안하지 못했던 것이다. 숫자에만 집착하는 것도 문제다. 수치를 근거로 상황 분석에 중점을 둔 결과, 현장에서 경제위기 해결에 매달리고 있는 당사자들의 고뇌와 한계는 외면한 채 학자들만을 위한 연구로 끝나는 경우가 다반사였다. 이런 한계에서 벗어나 현재 미국이 겪고 있는 금융위기를 더욱 깊이 있게 이해하고 또 미래에 닥칠 금융위기에 보다 합리적으로 대처하기 위해서는, 지금까지 이번 금융위기가 밟아온 길과 속도에 초점을 맞춰 현장의 실무자들이 직면했던 긴박한 상황을 재구성하는 작업이 필요하다. 긴박하게 돌아가는 현실 속에서 실무자들이 내린 처방의 허와 실을 분석하는 것이다. 이 작업이 제대로 이뤄져야 앞으로 금융위기가 다시 닥칠 경우 보다 합리적인 해결 방안을 내놓을 수 있을 것이라고 믿는다. 매 순간 미국 정부가 결정한 정책이 얼마나 유용했고, 또 얼마나 무모했는지 살펴봄으로써 지금도 진행 중인 미국 금융위기의 실체를 파헤쳐 보고자 한다.

지금 이 순간에도 미국발(發) 금융위기는 지구촌 사람들을 물질적, 정신적으로 어렵게 하고 있다. 대개 2008년 9월 15일 리먼 브러더스의 붕괴로 금융위기가 시작된 것으로 인식되지만 그 뿌리를 알기 위해선 더 앞선 시점으로의 시간여행이 필요하다. 바로 2000년 즈음이다. 새천년을 맞이하기 전, 전 세계 금융가에선 Y2K('Year 2000'을 의미) 문제(연도의 끝 두 자리를 사용한 컴퓨터 프로그래밍 관행 때문에 새천년이 시작하는 2000년에 발생할 것으로 우려되었던 컴퓨터의 대혼란)에 대비하기 위해 정보기술(IT: Information Technology) 분야에 과잉 투자를 했다.

당시엔 전산처리 능력이 덜 발달했던 터라 전산 메모리 가격을 줄이기 위해 컴퓨터에 연도를 저장할 때 약식으로 입력했다. 예를 들면 1998년은 끝 두 자리인 98로, 1999년은 99로 컴퓨터에 입력하는 식이다. 그러나 새로운 밀레니엄 2000년이 도래하면서 문제가 생겼다. 컴퓨터상으로 연도가 99에서 00으로 줄어들면서 여러 오류가 생길

새천년을 앞두고 미국에서 'Y2K 짜르'로 불렸던, '2000년 전환위원회 위원장' 존 코스키넨 박사가 1998년 자신의 사무실 앞에서 포즈를 취했다. 미국 기업과 정부는 Y2K 문제 해결에 1,500억 내지 2,250억 달러를 투입한 것으로 추산된다. 그러나 Y2K 문제는 별다른 혼란을 일으키지 않고 넘어갔으며, 이어 IT 분야의 투자가 급감했다. <연합뉴스>

수 있었던 것이다. 이에 따라 컴퓨터에 의존하던 많은 기업들이 이 문제를 해결하기 위해 소프트웨어와 하드웨어 개발에 엄청난 돈을 쏟아 붓기 시작했다. 이 같은 과도한 투자 덕인지 아니면 문제 자체가 그리 심각하지 않았던 덕인지 결과적으론 별 탈 없이 2000년을 맞이할 수 있었다. 그러고 나니 2000년 들어 컴퓨터 업계에 대한 투자가 급격히 떨어졌다. 그 해 3월 10일 미국의 신기술주식들을 대표하던 나스닥(NASDAQ) 지수는 최고치인 5,048포인트를 고점으로 급락하기 시작했다. 신기술 회사들에 대한 소비 및 투자 감소는 정확히 1년 후인 2001년 3월에 미국의 경기침체로 나타났다.

2001년 1월 20일 미국의 제43대 대통령으로 취임한 조지 부시(George W. Bush)는 급격히 식어가는 국내 경기를 부양하기 위해 각종 아이디어를 냈다. 그 해 여름부터 국민 1인당 300달러씩, 총 350억 달러 규모의 세금환불정책도 실시했다. 이와 동시에 미국 연방준비은행(FRB: Federal Reserve Bank)에서는 금리인하 정책을 펴기 시작했다. 미국 내 단기금리의 기준이 되는 연방기금금리(Federal Funds Rate 또는 Fed Funds Rate)가 2001년 1월 3일부터 같은 해 8월 21일까지 무려 7차례에 걸쳐 인하됐다. 그 결과 6.5%였던 것이 3.5%로 하락했다. 그런데 부시 대통령의 세금환불정책과 연방준비은행의 금리인하 정책이 효력을 발휘하기도 전에 악재가 터졌다. 그해 9월 11일에 미국 역사상 최악의 테러가 발생한 것이다. 엎친 데 덮친 격으로 경제침체에 테러까지 얹히면서 미국은 그때까지 볼 수 없던 경기 위축과 사회

불안을 경험해야 했다. 이후 여러 조치가 이어졌음에도 미국 경제는
냉각되기만 했다. 국내 경기를 부양하기 위해 미국 연방준비은행은
금리를 다시 4회나 추가 인하함에 따라 그해 12월 11일엔 단기금리가
1.75%까지 떨어졌다.

하지만 좀처럼 경기는 살아나지 않았다. 9·11 테러에 따른 여러 사회적 불안 요소, 그리고 그 해 시작한 아프가니스탄 전쟁이 오히려 미국 국민들의 소비심리를 위축시켰기 때문이다. 그렇다 보니 물가마저 덩달아 떨어지기 시작했다. 이른바 디플레이션(Deflation)의 공포가 등장한 것이다.

2001년 9월 11일 무장 단체 알카에다 조직원들의 테러로 세계
무역센터가 불타고 있다. 1991년 이후 성장을 거듭해 오던 미국
경제가 닷컴버블 붕괴에 이어 터진 이 사건으로 크게 위축되었다.
<연합뉴스>

다시 한 번 경기부양책이 필요하게 됐다. 재정정책 면에선 특별히 추가 조치를 취할 게 없었다. 이미 진행 중인 아프가니스탄 전쟁 때문에 계속 재정지출이 늘고 있었기 때문이다. 그렇다 보니 통화정책 면에서 초저금리 정책을 취할 수밖에 없었다. 더 이상의 물가 하락을 막기 위해서다. 2001년 12월 1.75%이던 금리가 2002년 11월 6일에 1.25%로 하향 조정되었다가 마침내 2003년 6월 25일에는 1%로 떨어졌다. 1990년 이후 미국의 연방기금금리가 평균 4.272%였던 걸 감안하면 파격적으로 낮은 금리다. 미국은 2001년 11월 6일부터 2004년 11월 10일까지 만 3년 동안 금리를 2% 미만으로 유지했다. 제2차 세계대전 이래 최저의 금리시대를 맞이하게 된 것이다.

이렇듯 초저금리시대가 지속되면서 디플레이션(물가하락) 기조가 다시 인플레이션(물가상승) 기조로 바뀌게 되었다. 그러자 저금리 상태에서 미국 국민들은 자국산보다 값싼 중국산 물건을 더 많이 소비하게 됐다. 이에 중국에서는 미국으로 더 많은 제품을 수출하기 위해 원자재 수입을 늘리게 됐다. 그 결과 이번에는 전 세계적으로 원자재 가격이 오르기 시작했다. 예를 들어 2004년까지만 하더라도 배럴당 30달러 수준을 유지하던 원유 가격이 2005년으로 들어서면서 70달러를 넘어섰고, 이어 2007년에는 90달러, 2008년에는 150달러를 초과하는 신기록을 세웠다. 미국 입장에선 천정부지로 오르는 원유와 다른 원자재 가격 탓에 야기될 수 있는 물가상승을 막기 위한 조치가 필요했다. 결국 미국 연방준비은행은 2004년 11월을 기점으로 2006

년 6월 29일까지 약 1년 반 동안 단기금리 인상을 13회나 단행했다. 이에 따라 단기금리가 2%에서 5.25%로 껑충 뛰었다.

미처 적절한 대책을 마련하지 못한 상황에서 급작스럽게 진행된 금리인상에 미국의 많은 기업과 국민들은 당혹스러워했다. 저금리 상태에서는 사회 전반에 걸쳐 저축이 경시되고 소비가 환영받는 분위기가 형성되기 마련이다. 그런데 금리인상으로 갑자기 절제와 내핍을 강요받는 처지로 바뀌었으니 미국 기업이나 국민들에게는 충격이 아닐 수 없었다.

2007년 들어서면서 높은 금리로 주택융자를 다시 받았던 시민들이 할부금을 제대로 내지 못하는 사례가 늘었다. 그러자 연방준비은행은 다시 금리를 내리기 시작했다. 하지만 이미 때는 늦었다. 당국이 앞으로 닥칠 문제의 심각성을 제대로 파악하지 못했던 것이다. 2007년 상반기까지는 특별한 조치를 취하지 않다가 후반기에 들어서야 9월과 10월, 12월 3회에 걸쳐 금리를 5.25%에서 4.25%로 총 1%포인트를 인하하였다. 하지만 위기는 이미 시작되고 있는 상태였다.

미국 경제에 적신호가 확연히 보이기 시작한 건 2008년에 들어서면서다. 그러자 연방준비은행은 금리인하 정책을 더 적극적으로 실시하게 되었다. 그 해 1월 22일을 시작으로 12월 16일까지 무려 7회에 걸쳐 금리인하를 단행했다. 미국 역사상 처음으로 금리 0%의 시대를 맞은 가운데 2008년이 저물어갔다.

한편 부시 대통령은 저금리 정책과 맞물려 경기 부양책의 일환으로

2008년 5월 제2차 세금환불정책을 실시했다. 이번에는 2001년의 3배에 가까운 금액을 환불해 주었다. 주민 개인당 600달러씩 지불하는, 총 1,680억 달러 규모의 대형 부양책이었다. 하지만 휘발유를 포함한 에너지 가격의 상승으로 소비자들의 가용소득(Disposable Income)이 축소된 탓에 그런 야심찬 정책도 경기부양으로 이어지지 못했다. 오히려 실패한 정책이라는 비난이 쏟아졌다.

1991년 이후 미국 경제는 10여 년 동안 중단 없이 성장만을 지속했다. 그러나 닷컴버블 붕괴와 9·11테러사건, 그리고 이후 실시된 일련의 재정정책과 금리정책의 실패로 결국 2007년을 기점으로 1930년대 대공황에 버금가는 금융위기를 맞게 된 것이다. 미국 당국은 위기를 극복하기 위해 금리 0% 시대까지 열었지만, 2009년 중반을 훌쩍 넘긴 지금까지도 미국 금융위기는 여전히 진행형이다.

2장
위기는 모두의 합작품이다

지금도 진행 중인 미국의 금융위기를 예측한 경제학자
는 거의 없었다. 이 때문에 경제학자들에 대한
비난이 일면서 일각에서는 경제학자 무용론까지 나왔다. 하지만 미
국 중앙은행은 일찌감치 2006년 1월부터 금융기관의 상업용 부동산
대출의 증가를 경고했다. 이에 따른 위기 발생을 우려해 2006년 12
월에 재차 경고를 했다. 상업용 부동산 대출금이 '위험가중총자본
금'(total risk-weighted capital: 은행이 보유한 채권들을 신용등급에 따라 위험부
담률을 감안하여 산정한 자본금)의 300%를 초과하지 않도록 하라는 내용
이었다. 샌프란시스코 연방준비은행의 호세 로페즈(Jose Lopez)는 그
렇게 권하는 이유를 1991년과 2005년 자료를 비교하며 이렇게 설명
했다.

1991년에 상업용 부동산 대출 비율이 300%를 초과한 은행 수가 전
체의 5%인 531개였는데 비해 2005년에는 29%인 2,177개나 됐다. 이

는 상업용 부동산 대출 전문 은행들 중 약 44%가, '위험가중총자본금'의 300%를 초과하는 금액을 대출했다는 사실을 보여주는 것이다. 자칫 경기가 냉각될 경우 그것이 은행들의 경영 악화로 이어질 수 있다는 경고나 다름없다. 하지만 그 당시 미국 경기는 호황의 한가운데에 놓여 있었다. 또 연체율이 그다지 높지 않다는 점을 감안하여 연방준비은행은 각 금융기관에 상업용 부동산 대출 비율을 하향 조정하도록 권고하는 선에서 끝내고 말았다.

2007년 상반기 – 금융위기의 시작

지나치게 커진 상업용 부동산 대출과 일반 주택대출에 대한 경고가 현실로 드러나기 시작한 것은 2007년 초다. 미국 세인트루이스 연방준비은행이 현재의 미국 금융위기의 진행 과정을 시간대별로 정리한 표가 있다. 이에 따르면 2007년 2월 27일이 이번 금융위기의 시발점으로 기록돼 있다. 미국 주택융자회사의 대부(代父) 격인 금융기관 프레디맥(Freddie Mac)이 신용이 대출 기준에 미달하는 사람들이나 소득이 확인되지 않은 사람들에게까지도 대출해 주던 서브프라임 주택융자(Subprime Mortgage: 비우량 융자) 및 그에 근거한 다른 주택융자 파생상품을 더 이상 사들이지 않겠다고 공식 발표한 날이다. 이로써 서브프라임 주택융자 시장의 '유동성'('유동성'은 간단히 돈이라고 생각하면 된다. 따라서 '유동성 부족'이라 하면 결국 돈이 부족하다 뜻이다)을 제거한 것이다. 이 발표가 나온 직후 서브프라임 주택융자 시장은 마비됐다. 그리고 결국에는 그 시장의 종말로 이어졌다. 발표가 있고 두 달도 채 지나지 않은 4월 2일, 서브프라임 융자회사로는 미국에서 가장 큰 뉴센추리금융회사(New Century Financial Corporation)가 파산을 신청했다.

곧 이어 6월 1일엔 미국의 양대 신용평가회사인 무디스(Moody's)와 스탠더드 앤드 푸어스(Standard & Poor's)가 서브프라임 주택융자에 바탕을 둔 채권 100여 종에 대한 신용등급을 하향 조정한다고 발표했다. 이 조치는 그동안 주택융자 채권에 돈을 대고 있던 투자자들로 하여금 투자자금 환수에 나서도록 불을 질렀다. 상황이 심각해지자 미국의 중요 투자은행 중 하나인 베어스턴스(Bear Stearns)가 투자자들이 한꺼번에 돈을 빼나가는 것을 사전에 막기 위해 6월 7일 투자자들의 환금 요구를 더 이상 받아들이지 않겠다고 발표했다. 하지만 이 조치는 오히려 투자자들을 더 불안하게 만들었다. 베어스턴스엔 투자자들의 환불 요구가 물밀 듯 밀려왔다. 결국 더 이상 버티지 못하고 1주일 후인 2007년 6월 14일부터 그동안 헤지 펀드(Hedge Fund: 소수의 투자자들을 비공개로 모아서 주로 위험성이 높은 파생금융상품을 만들어 많은 수익을 남기는 펀드) 형태로 관리해오던 대규모 서브프라임 주택융자 채권 포트폴리오를 매각하기 시작했다.

2007년 하반기—
점점 심각해져가는 금융위기

약 한 달이 지난 7월 11일 신용평가회사 스탠더드 앤드 푸어스(S&P)에서 612개의 서브프라임 주택융자 관련 채권들을 '요주의'(Credit Watch) 품목으로 분류했다. 그동안 수많은 주택융자 관련 채권들을 대상으로 실시해 온 신용평가 자체에 문제가 있을 가능성을 제기한 것이다. 이는 신용평가회사가 미국의 주택시장에 내재해 있던 위험을 오판했다고 고백한 것이나 다름없었다. 이후 투자자들이 동요하고 주택융자 시장이 더욱 악화된 것은 말할 것도 없다. 결국 상황은 걷잡을 수 없이 악화됐다.

7월 24일　컨트리와이드 금융회사(Countrywide Financial Corporation)가 자사가 보유하고 있는 주택융자 포트폴리오가 위험 수위를 넘어 '어려운 상황'에 처해 있다고 실토했다.

7월 31일　베어스턴스가 주택융자 채권에 투자하고 있던 헤지펀드 2개를 매각했다.

8월 6일　결국 미국에서 두 번째로 큰 주택융자회사인 아메리칸 홈 모기지 투자회사(American Home Mortgage Investment Corporation)가 파산신청을 하기에 이르렀다. 이로써 이 회사는 서브프라임 융자를 별로 하지 않았으면서도 악화된 주택 융자시장 탓에 선의의 피해를 입은 대표적인 회사로 기록됐다. 589억 달러 규모의 건실한 주택융자를 바탕으로 7개월 전까지만 해도 주가가 주당 35달러를 넘던 회사가 7월 들어서 8억 달러 상당의 투자자금을 환불해 달라는 투자자들의 성화를 견디지 못하고 파산 신청을 하게 된 것이다. 7월말 이 회사의 주가는 주당 1달러 미만으로 거래됐다. 아무리 견실한 회사라도 시장 분위기가 이 정도로 냉각되면 버텨내기 힘든 법이다. 아메리칸 홈 모기지 투자회사는 결국 자금 유동성이 열악해 파산을 맞게 됐다. 이로 인해 도이치 뱅크(Deutsche Bank)와 J.P 모건 체이스(J. P. Morgan Chase)도 거액의 손해를 입게 되었다.

8월 7일　　상황이 이렇게 긴박하게 돌아가고 있는데도 미국 연방준비은행에서는 이날 회의에서 금리를 변동시키지 않았다. 5.25%를 그대로 유지하겠다고 발표했다.

8월 10일　　미국 연방준비은행은 이날 자금이 필요한 은행들에게 '할인창구'(Discount Window: 미국 연방준비은행이 어음할인 등을 통해 은행에 자금을 지원하는 형태)를 이용하라고 권했다.

8월16일　　뉴욕과 런던에 본부를 각각 두고 있는 제3대 신용평
가회사인 피치 레이팅스(Fitch Ratings)가 컨트리와이드 금융회사의
신용등급을 BBB+로 하향 조정했다.

8월17일　　피치 레이팅스의 조치를 계기로 신용경색을 조금 더
심각하게 느끼게 된 연방준비은행이 하루 뒤 할인금리를 0.5%포
인트 인하했다. 할인 기간은 하루에서 30일로 연장했다. 하지만
단기금리인 연방기금금리가 인하되지 않은 상태에서 할인금리 인
하만으로 금융경색을 풀어내기엔 역부족이었다. 훗날 이 할인 금
리 인하는 금융위기 해결에 실제적으로 아무 영향력을 발휘하지

표1. 2000년부터 다우지수의 변화추이

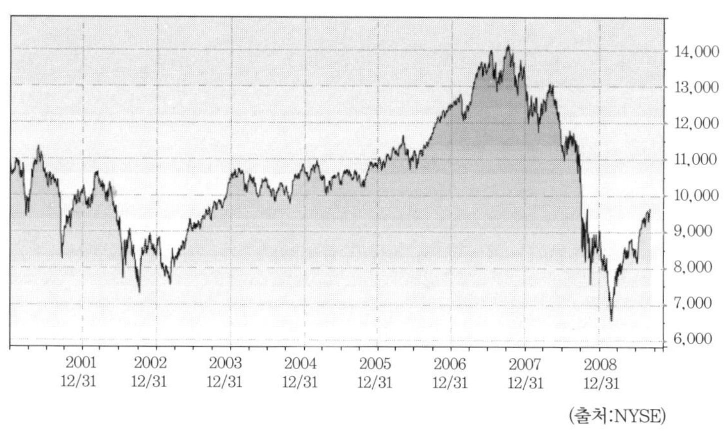

(출처:NYSE)

못했다는 비난을 받았다.

그렇다면 이처럼 위기의 골이 깊어지는데도 미국 연방준비은행이 안이하게 대처했던 이유는 무엇일까? 그 해답은 주식시장에서 찾을 수 있다. 왼쪽 도표에서 확인할 수 있듯, 미국 내 대표 기업 30곳의 주식가격을 평균 내 산출하는 다우존스지수는 2007년 초부터 지속적으로 상승하여 10월 9일 역사상 최고점인 14,164 포인트를 기록했다. 이런 상승률은 2000년에 비해 2배나 높은 것이다. 따라서 주식시장이 이처럼 장기간 호황을 누리는 상황에서 경기 둔화나 금융위기의 도래 가능성을 감지하기는 어려웠을 것이다. 하지만 머지않아 터질 금융위기는 주식시장에도 영향을 미치기 시작했다.

9월 18일   신용조사회사 피치 레이팅스가 컨트리와이드 금융회사의 신용등급을 하향 조정하고 한 달여가 지나서야 연방준비은행은 자금경색의 심각성을 제대로 파악하기 시작했다. 연방준비은행은 연방기금 이자율을 0.5%포인트 인하하고, 거듭해서 같은 해 10월 31일과 12월 11일에 각각 0.25%포인트를 인하해 연말 단기금리를 4.75%까지 끌어 내렸다. 그러나 금융경색을 해결하기엔 이미 늦은 상황이었다.

10월 28일   그 사이에 미국의 대표적 투자은행인 메릴린치(Merrill

Lynch)의 최고경영자인 스탠 오닐(Stan O'Neal)이 불명예 퇴임했다.

11월4일 오닐에 이어 이날엔 지주은행의 대표 격인 씨티그룹
(Citigroup)의 최고경영자 찰스 프린스(Charles Prince)가 자리에서 물
러났다. 오닐과 프린스는 경색되어가는 주택융자 시장과 그에 따
른 손실 확대에 책임을 지고 물러나야만 했다.

12월12일 거물급 CEO들의 퇴진을 계기로 연방준비은행은 또
한번 미국 금융가에 유동성 위기가 도래했음을 인식했다. 이날
'기간부 단기자금 경매 융자 장치'(TAF: Term Auction Facility)를 가
동하여 각 은행으로부터 각종 담보물을 이용하여 단기자금을 융
자해 갈 수 있도록 했다. 또 유럽중앙은행(ECB: European Central
Bank)과는 200억 달러 규모의 6개월 만기 통화스와프(두 나라가 현
재의 환율에 따라 자기 나라 통화를 상대 국가의 통화와 교환하고 일정 기간이 지
나서 최초 계약 때 정한 환율에 따라 원금을 다시 교환하는 거래)를 체결했다.
또 스위스중앙은행(Swiss Central Bank)과는 40억 달러에 상당하는
통화스와프를 맺음으로써 미국이 유럽에도 자금을 지원하는 상황
이 벌어졌다. 바야흐로 미국발 금융위기가 전 세계로 번지면서 상
황이 더 심각해져 갔던 것이다.

2008년 1분기 - 가속이 붙은 금융위기

2008년 들어서도 금융위기는 호전될 기미를 전혀 보이지 않았다. 오히려 악화일로를 걸었다.

1월 11일　뱅크 오브 아메리카(Bank of America)가 그동안 문제가 되어 왔던 컨트리와이드 금융회사를 40억 달러에 사들이겠다고 발표했다.

1월 18일　신용평가회사 피치 레이팅스와 스탠더드 앤드 푸어스가 미국 내 서브프라임 주택융자 채권에 대해 보증을 섰던 앰백 파이낸셜 그룹(Ambac Financial Group)의 신용등급을 최상급인 AAA에서 한 단계 낮은 AA로 하향 조정했다.

주택금융 시장의 신용경색과 그에 따른 보험회사들의 재정 상태 악화는 신용부도스와프(Credit Default Swaps, CDS: 신용파생상품의 가장 기본적인 형태로, 신용자산의 가치를 떨어뜨리는 신용 사건이 발생할 경우 그 손실의 전부 또는 일부를 보전해주는 계약)를 매입했던 금융기관들에게도 큰 손실을 안겼다. 주택융자 채권의 신용등급이 떨어짐에 따라 이에 따른 손실액을 보전해줘야 했기 때문이다. 금융위기 상황이 이처럼 늪으로 점점 더 깊이 빠져드는 양상을 보이자 연방준비은행은 다급해지기 시작했다.

1월 22일　연방준비은행이 연방기금 금리를 한번에 0.75%포인트를 인하시키는 파격적 조치를 취했다.

1월 30일　연방준비은행이 금리를 인하하고 1주일이 조금 지난 시점에 금리를 다시 0.5%포인트 인하시켰다. 당시 연방준비은행이 얼마나 다급했는지를 보여주는 사례다. 8월 이전에 5.75%였던 연방기금금리가 이제 5개월 만에 3%로 떨어졌다. 초고속 금리인하 정책을 편 것이다. 그래도 자금경색은 전혀 나아질 기미가 없었다. 금융위기에 따른 경기 하강을 우려하던 정치권에서도 경기부양법을 통과시키기에 이르렀다.

2월 13일　조지 부시 대통령은 개인당 600달러씩 세금을 환불해주는 경기부양책에 서명했다. 1,680억 달러의 예산이 들어갈 이 법안은 2001년 실시한 세금환급법보다 3배가량의 강도를 갖는 것으로 분석됐다. 하지만 이 정책 역시 결과적으로는 실효를 거두지 못했다는 평가를 받는다. 그 당시 미국 국민들은 천정부지로 오르던 자동차 휘발유를 구입하는 데 상당 금액을 지출해야 했기 때문이다.

다양한 재정정책과 금리인하 정책에도 불구하고 자금경색이 풀리지 않자, 연방준비은행은 2008년 3월 들어서면서 새로운 자금지원 정책을 시작했다. 일상적인 재무부 채권(U.S. Treasury Securities)을 담보로 한 대출만을 고집하지 않고 주택담보채권(Mortgage Backed Securities)이나 신용등급이 AAA인 개인 주택융자 채권을 담보로 대출을 해준다는 파격적인 조치를 취한 것이다. 구체적으로 보자.

3월 11일　연방준비은행이 '증권담보기간대출'(Term Securities Lending Facility)을 내놓으면서 각종 주택융자 관련 채권을 담보로 28일간 2,000억 달러 규모의 대출을 금융기관에 제공하겠다고 나섰다.

3월 16일　연방준비은행이 비밀회동 끝에 290억 달러의 손실보전금을 지원하는 조건으로 JP 모건 체이스가 베어스턴스를 10억 달러에 매입하도록 하는 획기적인 기업매각을 발표했다.

이렇듯 미국 금융기관들이 유동성 위기로 한치 앞도 내다보지 못하는 상황에 빠져 있는데도 몇몇 최고경영자들은 현실과 동떨어진 발언을 하고 있었다. 한 예로 리먼 브러더스(Lehman Brothers)의 리처드 풀드(Richard Fuld)는 2008년 4월 15일 "금융서비스 업계는 (금융위기에 따른) 최악의 충격에서 벗어났다"고 확언했다. 하지만 그런 경영자들의 간절한 기대와는 달리 금융위기는 더욱 속도를 붙이고 있었다.

2008년 2분기 – 소문이 소문이 아니었네

그 해 6월 2일 노스캐롤라이나 주의 샬롯에 본사를 둔 미국의 제 4대 은행 와코비아(Wachovia Corporation)가 유동성 위기에 처해 있다는게 밝혀졌다. 이 은행의 매각 가능성이 매스컴에 보도되기 시작했고 경영실적이 나빠지면서 주식가격이 하락했다. 최고경영자이던 케네디 톰슨(G. Kennedy Thompson)은 불명예 퇴임을 하게 되었다. 와코비아가 이런 상황에 빠지게 된 주요 원인은 2006년에 캘리포니아 주에 소재했던 서브프라임 융자 전문회사인 골든 웨스트 금융회사(Golden West Financial)를 255억 달러라는 고가에 매입한 사실에 있다. 이후 주택융자 시장이 침체에 빠지면서 막대한 손실을 피할 수 없었다.

6월 5일　　뱅크 오브 아메리카가 연방준비은행으로부터 컨트리와이드 금융회사를 매입해도 좋다는 허가를 받았다. 이로써 2008년 1월에 발표되었던 두 회사의 통합 절차가 최종적으로 종결되었다. 하지만 같은 날 신용평가회사 스탠더드 앤드 푸어스에서 양대 보험회사인 앰백과 MBIA의 신용 등급을 AAA에서 AA로 하향 조정한다는 발표가 나왔다. 이는 미국 내 보험회사들이 주택융자 채권에 기초한 신용파산스와프 같은 파생상품에 무차별 보험을 제공했다는 비판을 부름과 동시에 자본시장의 유동성을 다시 한 번 감소시키는 역할을 하게 되었다.

7월11일　6월 한 달 동안 와코비아 문제와 보험회사들의 문제가 매스컴을 탄 데 이어 이날에는 자산 규모가 320억 달러나 되는 캘리포니아 주의 인디맥 은행(IndyMac Bank)이 연방예금보험공사(FDIC: Federal Deposit Insurance Corporation)에 의해 문을 닫는 조치를 당했다. 이 은행의 경우에는 당연히 유동성 문제도 안고 있었지만 다른 더 큰 문제가 있었다. 뉴욕 주 출신의 찰스 슈머(Charles Schumer) 상원의원이 비밀리에 감독기관에 보냈어야 하는 서한의 내용이 2008년 6월 26일 매스컴에 공개된 것이다. 이 보도로 인디맥은 고객의 신뢰를 빠른 속도로 잃었다. 고객들의 예금인출 사태가 발생하자 이 은행은 자금난에 당면하여 문을 닫지 않을 수 없게 됐다.

인디맥 은행의 폐쇄는 곧 다른 금융시장에 불안감을 증폭시키는 기폭제가 되었다. 예를 들어 주택융자 시장이 다시 흔들렸다. 그러자 연방준비은행 이사회는 7월 13일 뉴욕 연방준비은행을 통해 미국 내 양대 주택융자 전문회사인 패니메이(Fannie Mae)와 프레디맥(Freddie Mac) 사에 필요하다고 판단할 경우에는 융자를 무한정 해줄 수 있는 권한을 부여했다. 동시에 재무부에서는 이 두 회사의 신용융자 한도를 늘려주었을 뿐 아니라 필요할 경우에는 사기업의 주식도 구매할 수 있다는 입장을 천명했다. 이런 식으로 주택융자 시장의 안정을 위한 노력이 다각도로 진행됐지만 두 회사의 사정은 계속 나빠지기만 했다. 그 결과 2008년 3분기에 접어들면서 다른 문제들까지 터져 나오기 시작했다.

엎친 데 덮친 격으로 주식시장에선 소문과 사실이 뒤섞이면서 공매도(short sale: 가격 하락을 예상하고 갖지도 않은 유가증권을 빌려서 팔거나 차입한 유가증권으로 결제하는 매도방식이다. 나중에 해당 주가가 떨어진 뒤 저렴한 가격으로 재매입해 빌렸던 주식을 상환하고 그 차익을 얻는다)로 인한 극심한 주가 변동이 문제가 되기 시작했다. 그래서 7월 15일 증권거래위원회(SEC)에서는 한시적으로 주식 공매도를 금지시켰다. 그 결과 2008년 7월 30일 현재 공매도가 금지된 주식들은 점차 가격을 회복했다. 단기적으로는 공매도 금지조치가 주식 가격의 추가 하락을 막은 것이다. 하지만 이 조치는 주식 시장에서 그다지 환영을 받진 못했다. 주식 가격의 흐름은 단기적 평가라기보다는 내재 가치의 발견이다. 따라서 공매도를 금지한 것은 주식시장에 대한 정부의 직접적인 개입으로 인식됐던 것이다.

이처럼 금융시장의 불안이 주식시장으로 파고들기 시작하고 아울러 주택융자 시장의 불안으로 확대되자 조지 부시 대통령은 또 다른 안정책을 내놓지 않을 수 없게 되었다. 그래서 7월 30일 나온 것이 주택 및 경제 회복법(The Housing and Economic Recovery Act of 2008)이었
다. 부시는 이 법안에 서명함으로써 패니메이와 프레디맥 같은 정부
보증 주택융자 회사들을 통합 규제할 수 있는 새로운 정부기관을 만
들 수 있게 됐다. 이 법안에 따라 발족한 게 연방주택금융국(FHFA:
Federal Housing Finance Agency)이다. 일련의 정부 조치 덕에 미국은 비
교적 조용한 8월을 맞을 수 있었다.

2008년 3분기 - 걷잡을 수 없는 수렁

하지만 태풍 속의 고요는 그리 오래가지 않았다. 9월부터 다시 큼
직한 뉴스들이 터지기 시작했다. 먼저 주택융자 시장의 안정을 위해
그토록 정부가 공을 들인 패니메이와 프레디맥이 파산 일보 직전의
상태로 악화되었다. 그렇게 되자 2008년 9월 6일에는 새로 설립된
재무부 소속의 연방주택금융국이 '관재인'(conservatorship) 자격으로
이 양대 주택융자 전문회사를 인수했다. 양쪽 회사에 각각 1,000억
달러의 자본금을 우선주 매입 형식으로 지원한 것이다.

9월 14일　　일요일임에도 불구하고 금융기관들 간의 합병 및 매
각에 대한 물밑 협상이 계속 진행됐다. 그 결과 뱅크 오브 아메리
카가 메릴린치를 주당 29달러로 계산, 500억 달러에 매입한다는
양해각서가 발표되었다. 메릴린치의 독자 운영이 공식적으로 중

단된 것은 그 다음날인 9월 15일 월요일이었다. 이는 6개월 전인 2008년 3월 베어스턴스가 JP 모건 체이스로 넘어간 데 이어 두 번째로 일어난 투자은행의 붕괴였다.

또 같은 날 리먼 브러더스도 파산 신청을 했다. 불과 몇 년 전만해도 전 세계 자본시장을 좌지우지하던 미국의 대형 투자은행들이 하나 둘 역사 속으로 사라졌다. 이들이 다른 은행에 흡수, 합병되면서 미국에서는 독자적으로 운영되는 대규모 투자은행이 명실공히 종말을 맞았다고 볼 수 있다.

남아 있는 금융기관들 역시 위기를 비껴갈 수 없었다. 점점 심상치 않게 번져가는 금융위기에서 살아남기 위해 나름대로 안간힘을 썼다. 같은 날 씨티뱅크(Citibank), 도이치 뱅크, 크레디트 스위스(Credit Suisse) 등 미국 내 10대 금융기관에서는 700억 달러 상당의 공동 자금을 마련하여 상호 구제금융을 지원하는 안을 내놓았다. 재무부에서 정부 차원의 구제금융에 대해 부정적인 입장을 보이자 은행들이 자구책의 일환으로 이런 안을 내놓게 된 것이다. 이와 더불어 금융시장의 유동성을 더욱 강화하기 위하여 연방준비은행은 '3자환매매제도'(Tri-Party Repo System)에서 취급하는 모든 투자등급 채권(Investment Grade Debt Securities)을 담보로 1,500억 달러까지 대출을 하겠다고 발표했다. 전례가 없는 획기적인 대출 방식이었다. 이 채권들이 부실화될 경우 연방준비은행이 떠안아야 하는 위험부담은 어마어마했다.

그럼에도 이런 방법까지 동원해 자본시장에 유동성을 제공하겠다고 나선 것을 보면 2008년 9월의 상황이 얼마나 긴박했는지 알 수 있다. 아울러 연방준비은행이 문제 해결을 위해 얼마나 절박하게 새로운 아이디어를 짜냈는지도 엿볼 수 있다.

9월 15일　　앞에서도 설명했듯 리먼 브러더스는 이날 결국 파산 신청을 했다. 끝까지 버티려 했지만 연방준비은행으로부터 구제 금융 지원이 없을 거란 분위기를 감지하고는 회생을 포기한 것이다.

150년 전통의 미국 투자회사 리먼 브러더스가 파산하던 2008년 9월 15일, 직원이 보따리를 챙겨 회사를 빠져나오는 모습. 현재로선 리먼 브러더스를 파산으로 몰고 간 것이 미국 관료들의 큰 실수로 지적되고 있다. <연합뉴스>

아무도 예상 못했던 만큼 리먼 브러더스의 파산은 엄청난 파장을 몰고 왔다. 단기 자금시장인 '머니마켓펀드'(Money Market Fund: 실적 배당부 단기 자유금리 상품) 시장과 '일일환매시장'(Overnight Repo Market) 이 심하게 출렁였다. 리먼이 발행한 단기 채권의 가치가 폭락하면서 단기 채권에 투자했던 많은 '머니마켓펀드' 회사들이 손실을 보게 됐다. 여러 금융기관들이 발행한 채권을 담보로 활기차게 움직이던 일일환매시장 역시 건전성 문제가 제기되면서 돌연 혼수상태에 빠졌다. 펀드에 투자했던 투자자들은 계약 만기일 이전에 원금만이라도 회수하겠다며 앞 다퉈 돈을 빼갔다. 돈을 회수하려는 투자자들이 한꺼번에 몰려들자 금융기관은 순식간에 자금난에 직면했다. 이른바 과잉인출요구, 즉 '뱅크런'(Bank Run)현상이 나타난 것이다.

특히 리먼의 파산으로 이곳에 상당한 투자를 하고 있던 리저브 프라이머리 펀드(Reserve Primary Money Fund)는 투자 원금인 주당 1달러보다 적은 0.97달러로 하락했다. 7억8,500만 달러의 투자액을 100% 손실 처리하게 됐기 때문이다. 220억 달러 규모의 BNY 리저브 펀드(BNY Institutional Cash Reserve Fund)도 주당 0.99달러로 떨어지면서, 안전을 최고 가치로 꼽는 단기채권 시장에 엄청난 악영향을 미쳤다. 이 파문은 머니마켓에 참여하고 있던 전 세계의 투자자들을 흔들었다. 그리고 그 여파가 유럽에까지 미치게 되었다.

급기야 유럽중앙은행은 초단기 1일 대출용 자금으로 300억 유로(약 424억 달러)를 풀었다. 영국은행(Bank of England)도 3일 대출용 자금으로 50억 파운드(약 89억 달러)를 풀어 시장의 불안을 잠재우려 했다. 하지만 위기는 꼬리에 꼬리를 물고 걷잡을 수 없는 깊은 수렁으로 빠져들고 있었다.

9월 16일 미국 연방준비은행이 세계적 보험회사인 AIG(American International Group)에 구제금융으로 850억 달러를 지원한다고 발표했다.

리먼에 이어 AIG의 불행한 소식까지 들리자, 미국 및 유럽의 중요 금융기관들이 일시에 대출을 지연 또는 중단했다. 금융시장 전체가 완전히 마비 일보 직전

리먼 브러더스와 함께 미국 금융위기 한복판에 있던 보험회사 AIG의 본사 건물. 리먼 브러더스를 파산시킨 것과는 달리 AIG에 1,500억 달러의 긴급구제 자금을 지원한 것이 과연 형평성에 맞는가 하는 의문이 제기되고 있다. 월가의 랜드마크인 이 건물은 금융위기 후 한국 기업을 중심으로 한 컨소시엄의 소유로 넘어갔다. <연합뉴스>

까지 이르렀다. 이런 급박한 상황을 해결하기 위해 유럽중앙은행은 9월 15일에 이어 16일에도 초단기 1일 대출용 자금으로 700억 유로(약 990억 달러)를 추가로 풀었다. 영국은행도 2일 대출용 자금으로 200억 파운드(약 357억 달러)를 추가로 풀었다. 9월 15일과 16일 이틀 동안에만 유럽중앙은행과 영국의 중앙은행이 시중에 푼 자금을 모두 합하면 1조8,600억 달러에 달한다. 거기에다가 미국 연방준비은행이 각 금융기관에 약속한 8,000억 달러 규모의 자금을 포함하면 거의 2조7,000억 달러에 해당하는 자금이 유럽과 미국의 금융기관에 수혈될 수 있는 상황이 되었다.

천문학적인 액수의 자금을 시중에 풀겠다는 각국 중앙은행의 약속에도 불구하고, 전 세계 금융시장은 안정을 찾을 기미를 전혀 보이지 않았다. 발표가 나온 바로 다음 날인 9월 17일 미국의 투자자들은 머니마켓펀드에서 787억~1,050억 달러 상당의 자금을 인출했다. 금이나 은, 그리고 미 재무부 단기국채 등 안전한 자산을 사들이기 위해서였다. 그 결과 금값은 하루 만에 온스당 70달러가 뛰어 850달러 선을 넘어섰다. 미재무부 단기국채인 티빌(T-bill) 금리는 일시적으로 0%까지 하락하는 이변이 발생했다.

전혀 호전될 기미를 보이지 않고 오히려 전 세계로 확산되는 금융시장의 경색을 막기 위해 미국 연방준비은행은 9월 18일 기존의 네트워크를 더욱 넓혀 일본, 영국, 캐나다의 중앙은행들을 포함시켜 총 1,800억 달러 규모의 세계적 외화스와프 계획을 발표했다.

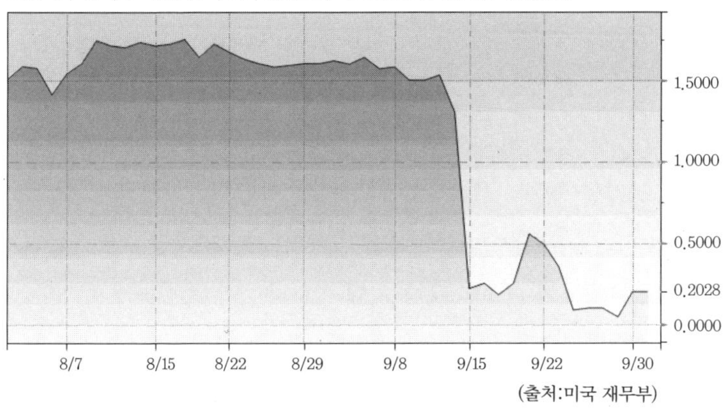

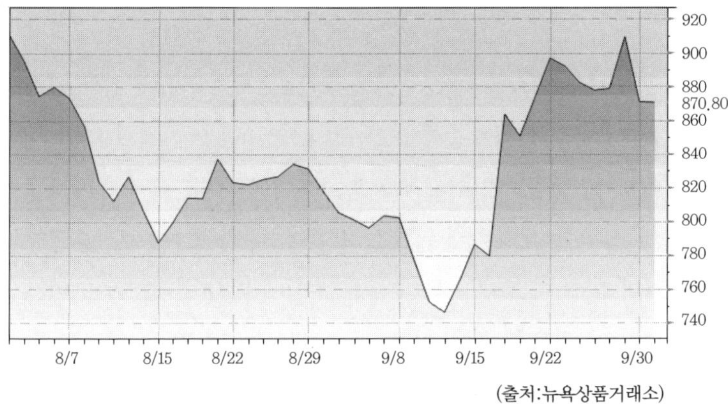

9월 19일 　연방준비은행이 자산담보 기업어음(Asset-Backed Commercial Paper) 시장을 활성화하기 위한 대책을 내놨다. 자산담

보 기업어음을 담보로 금융기관에 대출해 줄 수 있는 장치(AMLF: Asset-Backed Commercial Paper Money Market Mutual Fund Liquidity Facility)를 실행키로 한 것이다. 하지만 이는 오히려 부작용을 낳았다. 그 즉시 많은 투자자들이 그 때까지 일상적으로 거래해 오던 무담보 기업어음을 기피하고 자산담보 기업어음으로 몰린 것이다. 그 바람에 무담보 기업어음을 발행하여 단기 자금을 조달하던 유럽계 은행들이 더 어려운 처지에 몰렸다.

이 날은 가히 금융위기의 절정이라고 할 수 있을 만큼 중요한 조치들이 연달아 발표됐다.

먼저 미국 재무부가 500억 달러 규모의 손실보존기금을 마련하겠다고 밝혔다. 불안감을 진정시킴으로써 투자자들이 머니마켓펀드에서 예금을 조기 인출하는 것을 막기 위한 조치였다. 또 머니마켓펀드와 시디(CD: Certificate of Deposit:양도성 예금 증서)에 대한 연방예금보험공사의 지급보증 한도를 구좌 당 10만 달러에서 25만 달러로 2009년 12월 31일까지 한시적으로 인상했다. 역시 예금자들의 불안 심리를 잠재우기 위한 노력이다. 이와 함께 미국 증권거래위원회에서는 799개 종목의 금융 주식에 대한 공매도를 10일간 중단시켰다. 필요할 경우 이를 30일간으로 연장할 수 있다고 발표했다. 하지만 이런 일련의 조치들은 일반 국민들이 안정을 찾는데 별 도움이 되지 못했다. 국민들은 아리송하기만 한 각종 조치와 정책의 홍수 속에서 오히려 더 혼란스러워하는 모습이었다.

9월 20일　　미국 재무부가 악화일로에 놓인 금융기관들을 돕기
위해 드디어 부실 자산 구입을 위한 공적자금을 요청하는 법안을
의회에 제출했다.

9월 21일　　투자은행으론 최후의 생존자이던 골드만삭스(Goldman
Sachs)와 모건 스탠리(Morgan Stanley)가 일반은행으로 등록 인가를
받았다. 이로써 연방준비은행의 감독을 받게 된 것이다. 두 투자
은행이 일반은행으로 업종 변경을 신청한 이유는 일반은행이 되
는 즉시 연방준비은행이 유동성 강화를 위해 제공하는 각종 혜택
을 누릴 수 있었기 때문이다. 이로써 미국에선 대형 투자은행이
사라지고 소규모 투자은행들만 남게 되었다. '자본시장의 꽃'이
라고 자처하던 투자은행이 독자적으로 운영되던 시대는 이렇게
종말을 고했다.

9월 22일　　연방준비은행이 '사모펀드'(Private Equity Fund: 개개인
들의 돈을 모아 기업을 사고파는 일을 중심으로 운영되는 펀드)나 '바이아웃'
(Buyout: 부실기업의 경영권을 인수해 구조조정 등을 통해 기업의 가치를 높여 되
파는 행위) 전문 회사들에게 은행 주식을 33%까지 구매할 수 있도
록 허용했다. 표결권이 있는 보통주의 경우에는 4.95%까지 소유
할 수 있도록 했다. 이 범위 안에서 은행에 투자하는 사모펀드들
은 '지배 주주'(Controlling Investor)로 간주되지 않았다. 그 결과 사

모펀드들이 연방준비은행의 감시와 감독을 받지 않아도 되는 법적 근거가 갖춰지게 되었다.

이렇듯 사설 금융기관에게까지 각종 혜택을 주면서 자금을 유치하도록 노력했지만 자금경색 문제는 쉽게 풀리지 않았다.

9월 24일　미국 최대의 저축융자은행(Savings and Loan Association)인 워싱턴 뮤추얼(Washington Mutual: 일명 와무(WaMu))이 손을 들었다. 10일 동안 167억 달러에 달하는 예금인출(뱅크런) 사태를 견디지 못한 것이다. 결국 예금보험공사가 나서서 이 은행을 JP 모건 체이스에 19억 달러에 매각, 이전시켰다. 미국 금융 역사상 최대의 은행 파산 사건으로 기록되었다. 대출 규모가 무려 3,070억 달러나 되고, 미국 전역에 걸쳐 2,200여 개의 지점을 운영하던 워싱턴 뮤추얼까지 파산하자, "도대체 미국 정부의 의도가 무엇이냐"는 이야기가 속속 터져 나왔다. 그 중에서 가장 신빙성 있던 분석은 예금보험공사의 열악한 자금 사정 때문이라는 설이다. 즉 2008년 6월 현재 피해보상기금으로 452억 달러 밖에 갖고 있지 않던 예금보험공사가 300억 달러가 넘는 워싱턴 뮤추얼의 손실을 떠안는 것은 아무래도 무리였다는 계산이다. 그보다는 차라리 자금 사정이 비교적 양호한 다른 은행으로 이전하는 것이 예금보험공사 입장에서도 유리하고 어려운 금융위기를 극복하는 데도 더 효과

적이라는 분석이 작용했다는 이야기다. 여하튼 그 당시 예금보험
공사가 보유하고 있던 피해보상기금이 위험 수준이었던 것은 사
실이다.

또 다른 가설은 정부에 대한 불신이 워싱턴 뮤추얼의 몰락을 재촉
했다는 것이다. 9월 20일 재무부가 제출한 7,000억 달러 규모의
구제금융안이 의회를 조속한 시일 내에 통과할 수 있겠느냐는 불
안감이 확산되면서 예금주들이 은행에서 대량으로 돈을 인출하는
사태가 일어났다는 분석이다.

9월 25일　워싱턴 뮤추얼의 폐쇄가 있은 다음날, 주식시장에선
또 다른 희생양들이 속속 등장했다. 와코비아 은행의 주식이 전날
에 비해 3달러70센트(27%)나 하락했다. 와코비아 역시 위기의 풍
랑에 버티지 못하고 1주일 후 뱅크 오브 아메리카로 매각되는 운
명을 맞았다. 내셔널 씨티은행(National City Bank)의 주가도 전날에
비해 1달러28센트(26%) 하락함으로써 후일 피츠버그 소재의 PNC
은행에 흡수됐다. 워싱턴 뮤추얼의 폐쇄에 따른 여파가 유동성 문
제를 겪던 다른 은행으로 전파되어 연쇄적으로 문을 닫게 만들었
던 것이다.

9월 29일　예금보험공사 발(發)로 씨티뱅크가 미국의 3대 은행인
와코비아를 인수키로 했다는 소식이 전해졌다. 주택융자 규모가

3,120억 달러에 달하는 와코비아를 21억 달러에 인수하는 씨티뱅크는 최대 420억 달러의 손실을 감당하기로 했다. 손실액이 그 이상일 때에는 예금보험공사에서 차액을 지원해 준다는 조건이었다. 아울러 그 대가로 120억 달러 상당의 씨티뱅크 워런트(Warrants:신주인수권)를 예금보험공사에 양도한다는 내용이 더해졌다.

이날에도 수많은 뉴스가 나왔다. 그 중에서 가장 중요한 것은 오후 1시 43분에 나온 의회 표결의 결과였다. 재무부에서 요청한 7,000억 달러 규모의 구제금융지원안이 의회에서 228대 205로 부결되었다. 이 소식은 증시에 직격탄을 날렸다. 뉴욕증시에서는 다우지수가 777포인트나 하락함으로써 주식시장 역사상 최대의 낙폭을 기록했다. 윌셔5000 지수(미국에서 거래되는 모든 주식의 시장가치를 말해주는 지수)에 의하면, 투자자들이 이날 하루에만 장부상으로 본 손실액이 무려 1,200억 달러에 이른다.

주가가 이처럼 큰 폭으로 떨어진 것은 의회의 구제금융안 부결로 인해 투자자들이 주식시장에서 자금을 빼낼 것으로 예상됐기 때문이었다. 주식 펀드나 헤지 펀드들은 투자자들이 불안한 증권시장에서 빠져 나갈 때, 상당한 양의 현금을 손에 쥐고 있어야 한다. 그래야 투자자들의 인출 요구에 응할 수 있기 때문이다. 현금 확보를 위해 주식 펀드와 헤지 펀드들이 기존에 보유하고 있던 주식을 공격적으로 팔아치우면서 주가 대폭락 사태가 일어났다.

9월 30일 　재무부는 은행이 다른 은행을 사들일 경우, 매입한 은행에서 발생한 손실에 대해서는 전액 세금 공제 혜택을 받을 수 있게 하는 조치를 발표했다. 그러나 이 조치는 '밀실 정책의 전형'이란 혹평을 받았다. 바로 하루 전인 9월 29일에 와코비아 은행을 씨티뱅크로 넘기기로 한 예금보험공사의 결정을 번복했기 때문이다. 이 조치가 발표된 뒤 웰스 파고 은행(Wells Fargo Bank)이 와코비아 은행을 더 비싼 가격에 매입하겠다고 공표함으로써 와코비아를 씨티뱅크로부터 빼앗는 모양새가 되었다. 또 이런 조치를 시행하는 과정에서 의회의 인준을 거치지 않아 재무부 재량으로 세금 감면 혜택까지 줄 수 있느냐 하는 법적 해석의 문제도 남겨 두었다.

2008년 4분기-
구제금융안들이 홍수를 이루다

7,000억 달러 규모의 구제금융안이 우여곡절 끝에 10월 3일 의회를 통과했다. 이 법안은 공식적으로 '긴급경제안정법'(Emergency Economic Stablization Act of 2008)이란 명칭으로 불리지만, 시장에선 '부실자산구제계획' 또는 '타프'(TARP: Troubled Asset Relief Program)로 더 잘 알려져 있다. 미국 의회는 그날 7,000억 달러 규모의 구제금융안을 통과시키면서 2009년 12월 31일까지 한시적으로 CD 구좌에 대한 보

험액을 10만 달러에서 25만 달러로 상향 조정했다. 또 이자가 붙지 않는 당좌구좌에 대해서는 예금 전액에 대해 보험 혜택을 적용하기로 했다. 이 조치는 CD시장이 안정을 찾는 데는 도움이 된 반면, 기업어음 시장에는 부정적인 영향을 미쳤다. 투자자들이 자기네 펀드에서 돈을 빼내 더 안전해진 은행 CD구좌로 옮겨갈 것을 우려한 머니마켓펀드의 매니저들이 기업어음을 팔아치워 현금화했기 때문이다. 그러다 보니 예상치 않게 기업어음 시장이 곤두박질쳤다. 이에 따라 기업어음을 발행해 자금을 조달하던 기업들이 곤경에 처하는 상황이 벌어졌다.

한편 같은 날(10월 3일) 와코비아 은행은 씨티뱅크로의 매각 계획을 번복했다. 대신 154억 달러를 주기로 한 웰스 파고 은행을 택했다.

10월 6일 연방준비은행은 각 은행이 예치한 모든 자금에 대해 이자를 지급하겠다고 발표했다. 이에 대한 시장의 반응 역시 차가웠다. 은행들로 하여금 위험한 대출보다는 안전한 예금에 관심을 쏟도록 유도함으로써 신용대출을 감소시키려는 조치라는 비난이 나왔다.

10월 7일 연방준비은행은 기업어음을 구입하는 형태로 기업들에게 대출을 할 수 있는 '기업어음 자금조달 장치'(Commercial Paper Funding Facility)를 발표했다. 그리하여 GE(General Electric),

GMAC(GM의 금융 자회사), 포드 모터 크레디트(Ford Motor Credit) 등
이 자체 발행한 3개월 만기 기업어음을 활용해 자금을 조달할 수
있는 길이 트이게 되었다.

10월 8일 이 같은 노력에도 불구하고 자금경색은 여전했다. 결
국 연방준비은행은 연방기금금리를 0.5%포인트 인하하여 1.5%
수준을 유지하기로 했다. 또 손실이 점점 커져가던 AIG를 구하기
위해 뉴욕 연방준비은행으로 하여금 378억 달러를 AIG에 지원하
도록 했다. 이어 10월 12일엔 웰스 파고 은행이 와코비아 은행을
인수하는 것을 승인했다.

10월 13일 2,500억 달러 규모의 구제금융을 은행에 지원할 것이
며, 은행에서 발행한 채권에 대해서는 3년 동안 원금 및 이자의 지
불을 보증할 것이라는 방침이 재무부에서 나왔다. 이 조치가 발표
된 후 투자자들은 패니메이나 프레디맥이 발행한 채권을 매각하
고 이자율이 더 높은 은행 채권으로 몰렸다. 이로 인해 패니메이
와 프레디맥의 채권 가격은 떨어졌고, 결국 두 주택융자 전문회사
는 자금시장에서 더 높은 이자를 지불해야 하는 불이익을 당하게
되었다. 이 두 회사가 주택융자 시장에서 차지하는 비중과 역할을
감안할 때, 두 회사가 상대적으로 높은 이자를 지불한다는 것은
결국 주택 매입자들이 불이익을 받게 된다는 것을 의미했다. 그리

고 이는 주택 매매 열기를 시들하게 하는 결과를 낳을 수밖에 없었다.

그러나 어쨌든 이 정책은 부실자산을 가지고 있던 은행들에겐 도움이 됐다. 우선주를 매각하는 형식으로 재무부로부터 자본금을 충당 받을 수 있는 길이 열렸고, 특히 9개의 대형 은행들이 총 1,250억 달러 규모의 자금을 즉시 지원받을 수 있게 됐기 때문이다.

10월 21일 정부 입장에선 '상상할 수 있는 모든 정책'이 다 나왔지만 금융경색의 끝은 여전히 보이지 않았다. 연방준비은행은 이 날 '머니마켓 투자자 자금조달 장치'(Money Market Investor Funding Facility)라고 이름을 붙인 또 하나의 프로그램을 선보였다. 우량 기업어음을 담보로 머니마켓펀드 회사들과 은행 또는 증권회사에 대출을 해 주는 프로그램이다.

10월 24일 PNC 금융그룹(PNC Financial Services Group)이 내셔널 씨티은행(National City Corp)을 50억 8,000만 달러에 사들였다. 재무부에 신청한 구제금융이 기각된 뒤 내셔널 씨티은행은 시장에 매물로 나왔다. 이 일로 재무부와 예금보험공사는 내셔널 씨티은행을 PNC에 강매했다는 비난을 들었다.

이 매각의 조건을 보면 재무부가 PNC에 77억 달러의 구제금융을 지원하고, PNC는 그 자금으로 내셔널 씨티은행을 장부 가격보다 약 70억 달러나 싼 50억8,000만 달러(주당 2달러25센트)에 매입하는 것으로 되어 있다. 이처럼 헐값에, 그것도 아주 짧은 기간에 매각 거래가 끝난 것을 두고 여러 의문이 제기됐다. 내셔널 씨티은행 매각 건은 그 당시 정부 기관들이 얼마나 일 처리에 서툴렀는지, 그리고 금융위기가 얼마나 심각했는지를 잘 보여주는 사례다.

10월 29일 연방준비은행이 단기금리를 0.5%포인트 더 내려 1% 선을 유지하기로 했다. 바야흐로 최저금리 시대가 열린 것이다. 하지만 금융권에서는 아직도 유동성 문제가 고개를 숙이지 않고 있었다.

11월 10일 신용카드업과 자산관리업, 보험업 등 각종 금융업에서 두각을 나타내던 아메리칸 익스프레스(American Express)가 은행 지주회사(Bank Holding Company)로 인가를 받았다. 그리고 11월 12일 자본금 충당용으로 35억 달러를 재무부에 요청했다. 아메리칸 익스프레스의 이런 행동은 아무나 무작정 구제금융을 신청한다는 비난 여론을 일으켰다. 하지만 금융기관들의 주택융자 관련 손실액이 계속 커져감에 따라 운영자금 및 자본금 부족 사태가 더욱 심각해져갔다. 이제 2차 금융권도 1차 금융권과 함께 무너질 수 있다는 우려의 목소리도 나오기 시작했다.

이렇게 되자 재무부는 7,000억 달러 규모의 구제금융 자금으로 악성 주택채권을 매입하려던 당초의 계획을 수정할 수밖에 없었다. 우선주를 매입하는 형식으로 금융기관에 자본금을 투입해 구제하는 방법을 택했다. 이에 따라 2008년 11월 14일까지 신청하는 금융기관에 한해 우선주 매입을 통해 자본금을 충당할 자금으로 2,500억 달러를 배정하고, AIG에는 추가 구제금융 지원금으로 400억 달러를 배정한다는 발표가 연방준비은행과 재무부에서 동시에 나왔다. AIG를 지원하는 조건은 기존의 연방준비은행의 지원금을 850억 달러에서 600억 달러로 줄이는 대신에 재무부의 지원금을 400억 달러로 한다는 내용이었다. 그 400억 달러로는 AIG의 우선주를 매입하고, 우선주의 조건은 3개월 만기 리보금리(LIBOR: 국제 금융거래의 기준이 되는 런던 은행 간 거래 금리)에 3%포인트를 가산하며 5년 만기였다.

11월 14일 재무부는 새로 다듬은 '자본 매입 프로그램'(Capital Purchase Program)을 통해 21개 금융기관으로부터 335억 달러 상당의 우선주를 매입하겠다고 밝혔다. 악성채권을 매입해주던 정책을 포기하고 직접 자본금을 투입하는 정책을 채택한 것이다.

11월 15일 이날 뉴스에 프레디맥의 총부채가 8,182억 달러로 총자산 8,044억 달러를 138억 달러나 초과하고 있다는 내용이 나왔다. 이 때문에 11월 30일까지 최소 138억 달러 규모의 자본금 충당이 필요하다는 내용도 드러났다.

11월 17일 씨티뱅크에서 5만3,000명의 직원을 해고한다는 발표가 나왔다. 이는 1993년 IBM이 6만명 해고 계획을 내놓은 이래 미국에서 최대 규모의 해고였다. 그 만큼 미국 금융위기는 숨 가쁘게 정점을 향해 달려가고 있었다.

금융위기는 제조업에도 막대한 영향을 미쳤다. 전반적인 소비 위축으로 인한 매출 급감으로 제너럴 모터스(GM)의 주식 가격이 11월 19일 1달러72센트로 떨어졌다. 1938년 이래 최저치였다. 미국의 대표기업이던 GM이 풍전등화의 상황에 처한 것이다.

표4. 제너럴 모터스(GM)의 주가변화
(단위: 달러, 기간: 2007년 9월 17일~2008년 12월 12일)

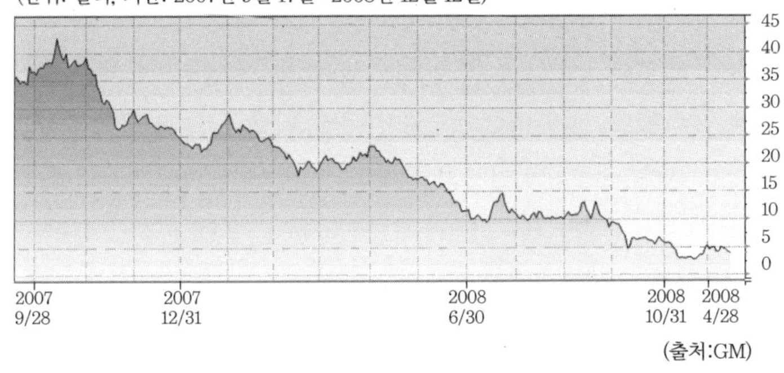

(출처:GM)

이날 미국의 3대 보험회사인 링컨 내셔널(Lincoln National)과 하트

포드 금융회사(Hartford Financial Services Group), 젠워스 금융회사 (Genworth Financial)가 재무부를 찾았다. 만약 저축은행으로 변신할 경우 TARP에 의한 구제금융을 받을 수 있는지 묻기 위해서였다. 그러나 여론은 이들 기관에 우호적이지 않았다. 월스트리트 저널 (WSJ)은 12월 12일자 기사를 통해 이 회사들이 그동안 세금도 제 대로 내지 않았으면서도 구제금융 신청에는 적극적이라고 비판했 다. 과거 10년 동안 링컨 내셔널이 납부한 세금은 소득 97억 달러 중 15.5%에 불과했으며, 하트포드와 젠워스의 납세 실적은 이보 다 더 형편없었다. 하트포드의 경우 소득 181억 달러 중 7.7%, 젠 워스의 경우 소득 83억 달러 중 11.4%를 세금으로 납부했는데, 이 는 미국 중산층 국민들이 부담하는 소득세율 25%에 훨씬 못 미치 는 수치라는 지적이었다.

11월 18일　디트로이트 자동차 산업의 '빅 스리'(Big 3)인 포드와 GM, 크라이슬러가 TARP의 구제자금을 요청하기 위해 의회 청문 회에 참석했다. 언론에선 두 달 전부터 이 회사들이 구제자금을 필요로 한다는 내용의 기사가 계속 나오고 있었다.

11월 20일　'빅 스리'가 의회에 신청한 250억 달러 규모의 구제 자금이 거부됐다. 이날 다우지수는 2007년 10월에 경신한 최고치 에 비해 무려 47%나 하락했다. 이 기록은 과거 미국 증시의 최대

금융위기 당시 자동차 회사들을 이끌던 CEO들이 2008년 11월 18일 상원 금융위원회 앞에서 증언을 하고 있다. 오른쪽부터 GM의 CEO였던 리처드 와고너, 크라이슬러 CEO 로버트 나델리, 포드 자동차 CEO 앨런 머럴리. <연합뉴스>

폭락인 49%에 버금가는 낙폭이었다. 이로써 미국 주식시장과 금융시장은 또 다른 소용돌이에 휘말리게 되었으며, 금융위기로부터의 탈출을 더욱 어렵게 만들었다. 의회는 자동차 3사가 자금사용처에 대한 상세한 보고서를 제출하는 12월 2일에 이들 회사에 대한 구제자금을 다시 논의하기로 했다. 그러나 이 문제를 풀어갈 뾰족한 해법은 보이지 않았다.

은행에 이어 보험회사가 구제자금을 요청했고, 이제 제조업까지 도움의 손길을 내밀게 되자 미국 내에선 "과연 미국 기업 중에서 외부 지원 없이 독자적으로 생존할 수 있는 곳이 있겠는가"하는 회의론까지 나왔다. 기업뿐 아니라 개인들까지도 정부의 구조를 간청하는 사태가 벌어지고 있었다. 정부는 매일 매일 금융위기와 숨 막히는 곡예를 벌이는 모습이었다. 그러나 신문, TV에선 금융 시장을 더욱 악화시킬 뉴스만 쏟아져 나왔다.

11월 21일　캘리포니아 주에 소재한, 자산 규모 127억 달러의 다우니 세이빙스 앤드 론(Downey Savings & Loan)과　37억 달러 규모의 PFP 뱅크 앤드 트러스트(PFF Bank & Trust)가 파산함에 따라 고객들의 계좌가 U.S. 뱅코프(U.S. Bancorp)로 이전 되었다는 소식이 전해졌다. 이로써 2008년 들어서 모두 22개의 은행이 파산되어 타 은행으로 흡수됐다.

11월 22일　재무부에서 씨티뱅크에 제2차 구제자금을 지원한다는 발표가 나왔다. 씨티뱅크에 2008년 10월에 지원한 250억 달러 외에 다시 우선주를 200억 달러어치를 추가로 구입할 뿐 아니라, 씨티뱅크가 보유하고 있는 부실채권 중 씨티뱅크가 290억 달러의 손실을 떠안고 남은 나머지 손실액에 대해서는 3,060억 달러까지 미국 정부가 보증을 선다는 내용의 획기적인 안이었다.
이렇듯 정부가 씨티뱅크를 살리겠다는 의지를 적극적으로 보이자 씨티뱅크의 주식은 11월 24일 57%나 올랐다. 사경에서 벗어나는 모습이었다.

그러나 씨티뱅크 구제에 비판적인 여론이 뒤따랐다. 이런 식의 구제안이 '대마불사'(too big to fail)라는 식으로 받아들여지면 미국 내 대형 금융기관들이 모방할 여지가 있다는 것이었다. 대형 기관의 도덕적 해이(moral hazard)의 전형으로 남을 수 있다는 지적이었다.

11월 24일자 월스트리트 저널에 실린 한 기사는 이런 우려를 잘 보여준다. 미국의 주택 건설업자 협회(The National Association of Home Builders)가 재무부에 요구한 세제 혜택과 관련한 내용이었다. 협회는 2,500억 달러 규모의 주택 경기부양책을 써야 할 뿐 아니라, 주택 구입 시 주택가격의 10%까지 세금공제혜택을 주고, 2009년 상반기에 주택을 구입할 경우에는 30년 만기 주택융자 금리를 3%로 낮춰 적용하며, 2009년 후반기에 주택을 구입하는 경우에는 금리를 4%로 해 줄 것을 요구하는 공문을 재무부에 제출했다. 이 내용이 언론에 공개되자 국가에서 제공하는 구제금융이 도를 넘었다는 지적이 쏟아졌다. 아무에게나 국민 세금이 지급되면서 도덕적 해이를 불러오고 있다는 내용이었다.

같은 날 골드만삭스는 10월 14일에 발효된 '잠정 유동성 보증 프로그램'(Temporary Liquidity Guarantee Program)에 따라 일반은행 최초로 재무부가 보증하는 사기업 채권을 발행하는 데 성공했다. 발행 규모는 50억 달러, 이자율은 3.5%였다. 3년 만기 재무부 국채보다 2%정도 높지만 자체 발행 채권 금리인 7%보다는 상당히 낮은 수준이다. 골드만삭스는 이 프로그램의 덕을 톡톡히 본 것이다. 이 잠정유동성

보증프로그램은 일반 금융기관이 2012년 6월 30일을 만기일로 발행하는 단기 채권에 대하여 연방 정부가 예금보험공사를 통해 보증을 서는 제도로, 파산 위험이 전혀 없는 안정적인 투자 대상으로 각광을 받았다.

11월 25일 연방준비은행이 6,000억 달러 규모의 '정부후원기관 매입 프로그램'(Government Sponsored Entities Purchase Program)과 200억 달러 규모의 '기간부 자산 담보 채권 장치'(TALF: Term Asset-backed Securities Loan Facility)를 소개했다. 2009년 2월부터 집행될 예정이던 이 프로그램들은 패니메이, 프레디맥, 지니메이(Ginnie Mae: '미국 정부 저당 금융 금고'(Government National Mortgage Association의 별칭), 그리고 연방주택융자은행(Federal Home Loan Banks)으로부터 6,000억 달러 규모의 주택담보 채권을 구입하고, 다른 금융기관으로부터는 2,000억 달러 규모의 '소비자대출 담보 채권'(Securities backed by consumer loans)을 구매한다는 내용이었다. 이 정책들이 발표된 직후 6%대에 머물던 30년 만기 주택융자 금리가 약 0.5%포인트 하락해 5.5%대를 보였다. 덩달아 주택시장에도 활기가 넘치는 듯 했다. 그러나 당시 상황을 고려할 때 이 프로그램들이 제대로 효과를 발휘할 수 있을 거라 기대하기는 무리였다. 경기침체의 골이 워낙 깊은데다 실업률까지 높아서 일반 소비자들이 주택융자를 쉽게 얻을 수 없었기 때문이다. 또 학자금 융자와

자동차 구매 융자, 신용카드 대출 등의 소비자 대출과 중소기업
대출의 경우 대부분이 담보 없는 신용대출이기 때문에 경기가 조
금이라도 다시 나빠지면 언제든지 불량채권으로 둔갑할 수 있으
므로 위험부담이 아주 높았다.
자동차 제조업계의 문제는 이제 자동차 리스업계로 번져가기 시
작했다.

12월 4일 이날 월스트리트 저널은 자동차 리스 회사인 에이비
스(Avis)도 구제금융을 신청했다고 전했다. 이때 에이비스가 내세
운 논리는 구제금융으로 자동차를 구입하면 자동차 업계가 살아
날 것이고, 그러면 미국 경제가 풀릴 것이라는 것이었다. 이렇다
보니 재무부의 구제금융지원금인 타프(TARP)의 돈은 미국 기업이
면 아무나 다 요구할 수 있는, 주인 없는 공돈이 된 것처럼 보였
다. 정부 정책의 실효성, 효율성에 대한 의구심도 증폭됐다.
구제금융을 곳곳에 퍼붓다시피 하는데도 여전히 금융시장에 대한
불안감은 가실 줄을 몰랐다. 아직도 투자자들은 수중의 자금을 위
험한 금융업계나 제조업계에 대출하기보다는 상대적으로 안전한
상품에만 밀어 넣었다. 그 결과 12월 8일 재무부에서 4주 만기 국
채(T-Bill)를 320억 달러 규모로 발행하자 투자자들이 1,260억 달
러나 투자하겠다고 나섰다. 지나치게 많은 돈이 국채로만 몰리게
된 것이다. 그 과정에서 국채의 이자율은 장중 한때 마이너스

0.1%까지 떨어지는 기이한 상황이 발생하게 되었다. 물론 그날 최종 이자율은 0.04% 선에서 종료되었지만, 투자자들의 불안심리가 얼마나 대단했는지 단적으로 보여주는 사례가 됐다.

12월 중순으로 접어들면서도 악재는 계속 쏟아졌다.

12월12일 상원에서 디트로이트의 자동차 3사가 최종 신청한 140억 달러 규모의 구제금융지원안을 또 부결시켰다. 이 소식이 전해지면서 증권시장이 다시 한 번 출렁였다. 엎친 데 덮친 격으로, 같은 날 버나드 메이도프(Bernard Madoff)라는 70세의 펀드 운영가가 운영하던 펀드가 초유의 사기였다는 뉴스가 터져 나왔다. 메이도프는 반세기 동안 펀드업계에서 안정적인 펀드를 성공적으로 운영했다는 명성을 얻었고 자선사업에도 깊이 관여하여 사회적으로 존경받던 인물이었다. 그러던 그가 폰지 사기(Ponzi Scheme: 실제로는 아무 사업도 하지 않으면서 나중에 투자한 사람의 돈으로 그 전 투자자에게 원금과 이자를 갚는 사기. 찰스 폰지라는 사람의 이름에서 유래한 표현)를 통해 500억 달러에서 650억 달러 규모의 손실을 발생시킨 사기 사건의 주범으로 고발된 것이다.

이로 인해 금융시장의 불안감이 커지자 연방준비은행은 또 다시 연방기금금리를 인하할 준비를 해야 했다.

12월16일 연방준비은행이 1%이던 단기금리를 크게 낮춰 0~0.25%로 유지하겠다고 발표했다. 할인금리도 1940년대 이래 최저인 0.5%로 정했다.

12월19일 역사적으로 보면 정치논리가 경제논리보다 우선인 경우가 대부분이었다. 그러나 이 날엔 반대현상이 발생했다. 미국 제조업을 대표하는 자동차업계를 긴급히 구제함으로써 미국 전체의 경기를 살려야 한다는 경제적 해결책을 미국 정부가 내놓았다. 그동안 정치논리에 밀려 후퇴를 거듭해 오던 디트로이트 자동차 3사에 대한 지원방안을 부시 정부가 경제논리에 따라 일방적으로 발표한 것이다. 174억 달러 규모의 구제금융을 디트로이트 자동차 3사에 제공하되, 일차적으로 타프(TARP)에서 134억 달러를 지원하고 2009년 2월경 제2차 타프 자금이 의회에서 인준되면 추가로 40억 달러를 더 지원한다는 내용이었다. 다만 2009년 3월 31일까지 자동차 3사가 생존 가능성을 입증해보여야 하며 그렇지 못할 경우는 현재 지원한 금액을 전부 상환해야 한다는 조건이 붙었다.

그러나 여론이 걸림돌이었다. GM과 크라이슬러에 투자하고 있는 사모펀드인 서버러스(Cerberus)가 더 이상 투자를 하지 않겠다고 나온 마당에 정부가 굳이 이 회사들을 지원할 필요가 있느냐는 지적이 나왔다.

12월 22일 미국의 대표적인 단자회사인 CIT 그룹이 은행지주회사로 바뀐다는 발표가 나왔다. 이 과정 역시 논란의 여지를 남겼다. 신용경색으로 단자회사의 자금 사정까지 불안정하고 금융활동이 위축되는 상황에서 연방준비은행은 대상자들이 합당한 자격을 갖추었는지를 제대로 따지지도 않고 제2금융권 회사들이 제1금융권으로 진입하도록 무제한적으로 인허가를 해 준 셈이기 때문이다. 과연 이런 일련의 조치들이 금융경색을 푸는 데 얼마나 공헌했을까? 미래의 연구 과제로 남아 있는 질문이다.

12월 29일 재무부가 미국 내 최대 단자회사인 GMAC에 60억 달러 규모의 구제금융을 지원한다고 발표했다. 그 중 50억 달러로는 GMAC의 우선주를 매입하고, 나머지 10억 달러는 자본금으로 지원한다는 것이었다. 그 결과, GMAC이 발행한 2031년 만기 쿠폰금리(채권에서 지급하기로 약속한 금리) 8%짜리 사채가 회복세를 보였다. 12월 24일에 액면 100 달러당 32달러에 거래되던 것이 12월 29일엔 44달러, 12월 30일엔 54.4달러에 거래됐다. 이 조치는 정크 본드(Junk Bond: 한때는 신용등급이 높았지만 경영악화나 실적 부진으로 신용등급이 떨어진 기업들이 발행한 채권) 시장의 회복 내지 안정을 불러올 수 있다는 기대감 때문에 시장의 환영을 받았다.
미국 정부로부터 이런 혜택을 받는 대가로 GMAC는 12월 30일부터 특정 차종(2008년형 5개 모델)에 대해서 0% 금리로 자동차 대출을 시작했다. 종전에는 개인 신용점수가 700점을 넘는 차입자에게만 대출을 해주던 회사 방침을 12월 30일부터는 621점 이상의 차입자로 하향 조정함으로써 대출 대상자를 확대했다. 하지만 이런 조치는 미국 소비자들의 중간 신용점수가 723점임을 감안할 때 자동차 업계에 또 다른 형태의 서브프라임 대출을 양산할 수 있다는 비난을 받았다 .

12월 31일 2008년의 마지막 날인 이날에도 은행들은 자금 조달에 안간힘을 써야 했다. 7개의 은행이 자본 매입 프로그램(CPP)을 통해 19억 달러에 해당하는 금액을 융자받았다. 이로써 2008년 11월 14일 타프가 실시된 이래 한 달 반밖에 안 되는 기간에 총 916억 6,000만 달러라는 천문학적인 금액의 돈이 은행들에게 자본금 지원 형식으로 풀려나갔다 .

표5. 2008년에 '자본 매입 프로그램' (CPP) 으로 자금 지원을 받은 은행 수
　　　와 지원된 금액

일자	CPP 자금 수령 은행 수	총 지원 금액 (단위: 억 달러)
11월 14일	21	335
11월 21일	23	30
12월 5일	35	40
12월 12일	28	62.5
12월 19일	49	279
12월 23일	43	151
12월 31일	7	19.1
총계	**206**	**916.6**

숨 가쁘게 달려온 2008년이었다. 미국 정부는 중앙은행의 통화정책과 재무부의 재정정책을 총 동원했다. 또 전 세계 중앙은행들과 외환 스와프 등을 통해 해외 자금시장의 경색을 막으려 애썼다. 그러나 금융위기의 끝은 아직도 요원해 보였다.

2009년 1분기-
아직 발등의 불도 꺼지지 않아

2008년 유동성을 제공하기 위해 무성하게 발표되었던 각종 정책이 2009년 1월 5일을 시작으로 본격적으로 실행에 들어갔다. 연방준비은행이 2008년 11월 25일 중요 주택융자기관인 패니메이와 프레디맥, 지니메이 등이 발행한 채권을 매입하겠다고 발표한 계획이 2009년 1월 5일부터 실시되었다. 하지만 정책이 발표되고 나서 한 달 이상 지나서야 세부사항이 나왔기 때문에 이 정책마저도 사전에 별다른 준비 없이 발표부터 먼저 한 것 아니냐는 의구심을 낳았다.
정부 정책이 구체적으로 실행 단계로 접어들고 있었지만 아직도 악성 뉴스는 끊이지 않고 있었다.

1월 8일　　　신용평가회사 무디스는 그동안 별 문제없는 줄로 알고 있던 12개 연방주택융자은행들이 총 762억 달러의 손실액을 안고 있으며, 이 중 8개 은행은 경기 악화에 따라 자본금 부족 현상을 보일 수도 있다는 내용을 발표했다.

새로 대통령에 당선된 버락 오바마(Barack Obama) 역시 당시 금융위기의 긴박함을 피부로 느끼고 있었다. 그는 취임 전이었지만 부시 대통령에게 타프 경기부양책의 나머지 구제지원금 3,500억 달러를 오바마 정권에서 집행할 수 있도록 의회에 미리 요청해 달라고 부탁했다.

1월12일　부시 대통령은 오바마의 요청을 받아들여 의회에 3,500억 달러의 구제지원금 지출을 요청함으로써 오바마 정권이 금융위기 극복 노력을 중단 없이 펼 수 있도록 배려했다.

1월16일　뱅크 오브 아메리카가 심각한 유동성 위기에 처하자 연방준비은행과 재무부, 예금보험공사가 공동으로 뱅크 오브 아메리카가 보유하고 있던 1,180억 달러 규모의 대출금에 발생할 수 있는 손실에 대해 보증을 서기로 했다. 재무부에서는 별도로 타프 자금에서 200억 달러어치의 뱅크 오브 아메리카 우선주를 매입하여 자본금으로 지원키로 했다. 금융위기가 시작된 지 1년이 넘었는데도 아직도 구제금융 자금이 끊임없이 이어지고 있었다.

2월10일　재무부에서는 개인이나 기업이 투자할 경우 정부 자금에서 그 투자액에 따라 돈을 내놓는 '민관투자펀드'(PPIF: Public-Private Investment Fund)라는 새로운 프로그램을 내놨다. 규모는 2,000억 달러였다. 이는 부시의 바통을 이은 오바마 정권이 금융 위기 해결을 위해 내놓은 첫 조치였다. 재무부 장관이 된 티모시 가이트너(Timothy Geithner)와 경제 수석을 맡은 래리 서머스(Larry Summers)의 공동작품이었다. 그 내용은 다음과 같다.

민관투자펀드는 2개의 별도 프로그램으로 구성되어 있는데, 주택 채권을 매입하는 '잔존융자 프로그램'(LLP: Legacy Loans Program)과 주택채권을 근거로 생성된 기타 파생 증권을 매입하는 '잔존증권 프로그램'(LSP: Legacy Securities Program)으로 구분된다.

'잔존융자 프로그램'은 개인 투자자나 금융기관이 1달러를 투자하면 재무부에서 그에 맞춰 1달러를 투자하고, 이어 예금보험공사가 6달러를 융자해 줌으로써 개인 투자 1달러로 총 8달러의 투자 펀드를 조성한다는 것이다. 이 금액으로 불량 주택채권을 매입하여 이익을 보게 되면 예금보험공사의 대출금을 제한 후 나머지 이익금을 개인 투자자와 재무부가 반반씩 나누게 된다.

반면에 '잔존증권 프로그램'(LSP: Legacy Securities Program)은 개인 투자자나 금융기관이 1달러를 투자하면 재무부에서 그에 맞춰 1달러를 투자하는 외에 추가로 1달러를 융자해 주고 필요할 경우 다시 1달러를 추가로 융자해 줌으로써 개인 투자 1달러로 총 3달러에서 4달러 규모의 투자 펀드를 조성한다는 것이다. 물론 이익금은 대출금을 제한 후 투자자와 재무부에서 반반씩 나눈다는 조건이다.

　민관투자펀드가 제공하는 이 두 가지 프로그램은 언뜻 보면 새로운 프로그램 같지만 사실상 불량채권을 전문적으로 매입하여 처리하는 '배드뱅크'(Bad Bank)의 모양을 그대로 담고 있다. 잔존융자이든 잔존증권이든 결국엔 불량채권임에는 틀림없기 때문이다.

　궁극적으로 이 두 개의 프로그램은 부시 정권에서 금융위기의 해결책으로 처음 내놓았던 타프의 문제점을 그대로 안고 있다는 한계가 있었다. 타프 자금으로 불량채권을 매입하려고 했을 당시, 일단 불량채권의 시장가격을 적정하게 매기기가 어렵고, 자칫 시장가격보다 높게 지불하면 납세자인 국민들에게 손실을 끼칠 수 있다는 비난 여론이 제기됐었다. 그러자 재무부에서 결국 유동성 문제를 안고 있는 금융기관에 우선주 매입을 통해 자본금을 지원하는 형태로 정책을 바꾸었던 것이다. 새로 소개된 민관투자펀드의 프로그램들 역시 불량채권을 매입하는 과정에서 시장가격보다 더 많이 지불할 가능성이 여전히 남아 있었다. 예를 들어 잔존융자 프로그램의 경우, 개인 투자 1달러를 바탕으로 조성되는 총 8달러의 투자기금 중 개인 투자자나 금융기관이 떠안는 위험 부담률은 1/8, 즉 12.5%에 해당하는데, 이는 현재의 금융 상황에 비추어볼 때 상대적으로 낮다. 부담률이 낮다는 것은 불량채권을 매입할 때 그 만큼 높은 가격으로 거래할 가능성이 충분히 있다는 논리다.

2월 17일　버락 오바마 신임 대통령은 7,890억 달러 규모의 '미국 회복 및 재투자 법'(American Recovery and Reinvestment Act of 2009)이라는 대형 재정정책에 서명했다. 2008년 2월 13일 전임 부시 대통령이 서명했던 1,680억 달러의 경기부양법안보다 더 크고 포괄적인 금융지원 및 경기 부양책을 펴게 됐다. 이 법안에 따르면, 주택대출을 상환하지 못하는 개인들에게 750억 달러 규모의 정부 기금으로 구제금융을 지원하고, 패니메이와 프레디맥이 발행하는 우선주를 2,000억 달러까지 매입하여 이 두 기관의 자본금을 지원하게 된다. 아울러 이 기관들이 사들여 보유할 수 있는 주택융자 채권의 총 금액을 9,000억 달러로 상향 조정했다. 이런 일련의 조치들은 부시 대통령이 남기고 간 금융위기를 오바마 대통령도 아직 치유하지 못하고 있다는 방증이었다.

2월 25일　재무부와 연방준비은행, 그리고 예금보험공사가 합동으로 자산 규모가 1,000억 달러를 넘는 금융기관을 대상으로 '스트레스 테스트'를 시행하겠다고 밝혔다. 미래에 예상되는 악조건에서 어느 정도 버틸 수 있는지를 시뮬레이션을 통해 테스트하겠다는 것이다. 그리고 그 결과를 2009년 4월 말에 발표할 계획이라고 덧붙였다. 이런 테스트를 통해서라도 대형 금융기관들의 재정적 건강을 입증하여 대중의 신뢰를 얻을 목적이었다. 하지만 시장에선 이 테스트가 더 큰 혼란을 불러일으킬 수 있다는 지적도 나왔다. 테스트에 불합격하는 금융기관은 존폐 위기에 당면할 것이고, 그로 인해 오히려 안정되려던 국면이 흔들릴 수 있다는 우려였다.

2월 26일　　2008년 4분기 말 기준으로 총 252개의 금융기관이 문제은행으로 확인됐다. 또 이들이 보유하고 있는 총 자산 규모는 1,590억 달러라는 발표가 예금보험공사에서 나왔다. 이는 전 분기의 문제은행 수 171개와 그들이 보유하고 있던 총 자산 규모 1,160억 달러보다 훨씬 늘어난 수치다. 2008년 4분기의 금융시장 상태가 3분기보다 더 나빠졌다는 의미이다. 또한 2008년 한 해 동안 25개의 은행이 폐쇄됐다는 통계도 발표됐다. 1993년 이래 가장 많은 수의 은행이 문을 닫은 셈이다.

같은 날 패니메이는 2008년 4분기에 252억 달러의 손해를 보았고 2008년 한 해 동안엔 총 587억 달러의 손실을 입었다는 내용의 암담한 경영실적을 발표했다. 이에 따라 부족한 자본금을 충당하기 위해 재무부에 152억 달러의 지원금을 신청했다고 덧붙였다.

2월 27일　　재무부에서는 계속 경영난으로 허덕이는 씨티뱅크에 더 이상 구제금융을 지원하지 않기로 했다. 대신 재무부에서 보유하고 있던 250억 달러어치의 씨티뱅크 우선주를 보통주로 전환한다고 발표했다. 이 조치로 씨티뱅크는 우선주에 지불해야 하는 연

8%의 배당금 부담을 덜었다. 그러나 정부가 은행을 국유화했다는
인상을 줌으로써 시장에는 부정적인 요인으로 작용했다.

3월 2일　　　AIG의 경영실적이 나왔다. 2008년 4분기에 617억 달
러의 손실이 있었고 2008년 한 해엔 총 993억 달러의 손실을 보
았다는 내용이었다. 참담한 결과였다. 결국 재무부와 연방준비은
행은 AIG에 대한 추가 구제금융 지원을 발표했다. 정부가 보유하
고 있던 기존의 400억 달러 상당의 우선주를 보통주로 바꾸고 추
가로 400억 달러를 지원하기로 했다. 씨티뱅크의 우선주를 보통
주로 바꿔준 전례가 있던 터라 큰 논란은 없었다. 그러나 은행의
국유화가 본격화된다는 우려가 나오기 시작했다.

3월 3일　　　재무부와 연방준비은행이 2008년 11월 25일 공개한
'기간부 자산담보채권 장치'(TALF)를 2009년 3월 17일부터 가동
한다고 발표했다. 이 프로그램에 따르면, 자동차 대출과 학자금
대출, 신용카드 대출, 중소기업 대출 및 연방준비은행과 재무부에
서 인정하는 기타 모든 대출을 기준으로 발급된 신용등급 AAA의
'자산담보부 채권'(Asset-Backed Securities)을 2,000억 달러까지 정
부에서 매입하게 되어 있다. 이 프로그램은 2009년 말로 끝날 예
정이나 연방준비은행에서 필요에 따라 종료 시기를 연장할 수 있
다고 했다.

3월 18일　연방준비은행은 단기금리를 0~0.25%의 최저 수준으로 유지하기로 결정했다. 또 주택융자 전문회사인 패니메이와 프레디맥 등이 발행한 주택채권 매입 한도액을 추가로 7,500억 달러 인상하여 총 1조2,500억 달러까지 매입 보유한다고 발표했다. 또한 기존의 단기금리 조정 정책에 추가하여 장기금리까지 조정하겠다는 의사를 밝혔는데, 그 일환으로 2년에서 10년 만기 장기채권을 6개월 안에 3,000억 달러어치 매입하겠다고 발표했다. 이로써 연방준비은행은 장기금리를 조정하여 주택융자 금리를 직, 간접적으로 조정하겠다는 의사를 금융시장에 알렸다.

3월 19일　인디맥 은행의 최종 파산 절차가 끝났다. 인디맥은 원웨스트 은행(OneWest Bank)으로 주인이 바뀌었으며, 이 은행의 파산으로 예금보험공사가 입은 손실액은 107억 달러라는 발표가 나왔다.

3월 25일　재무부가 새로운 권한을 요청하는 법안을 의회에 제출했다. 예금보험공사가 은행들을 폐쇄 조치할 수 있고, 연방주택금융국(FHFA)이 패니메이나 프레디맥 같은 주택융자 전문회사들을 폐쇄할 수 있는 권한을 갖듯이, 특정 금융기관과 비금융권 회사들을 폐쇄시킬 수 있는 권한을 재무부에 달라는 내용이었다. 이에 대한 평가는 일단 긍정적이었다. 지금까지 구제금융 지원에만 신경을 써오던 정부기관이 드디어 금융기관을 보다 효율적으로 규제할 수 있는 방안을 모색하기 시작했다는 것이었다. 하지만 일 각에선 구체적 내용 없이 권한만 요구하는 무책임한 처사라는 비 난도 나왔다. 어쨌든 금융위기가 끝나면 금융업에 대한 규제를 놓 고 논의가 뜨거워질 것임을 감안할 때, 재무부의 이런 조치는 앞 으로 있을 정부 부처 간 파워 게임에서 유리한 위치를 차지하려는 포석이라고 볼 수 있다.

3월 26일　재무부가 금융시장 전반에 걸쳐 악영향을 미칠 수 있 는 기관 모두를 관리할 수 있는 권한을 갖는 입법을 예고했다. 헤 지 펀드와 장외 파생상품 시장(Over-the-counter Derivatives Markets), 머니마켓펀드 등에 대한 규제도 포괄적으로 하겠다는 의지를 천 명한 것이다. 이는 정부가 구제금융 지원을 위한 정책을 추가로 개발하기보다는 기존에 발표한 각종 정책을 효율적으로 추진하겠 다는 입장을 재차 확인한 것이다.

2009년 2분기 – 정돈되어 가는 금융위기

위기 속에서 시장에서의 자금 및 신용경색은 독버섯처럼 퍼져나갔 다. 그동안 정부는 온갖 방법을 다 동원해 이를 해결하려고 노력했 다. 2009년 2분기가 시작되면서 의회와 정부에선 이제껏 실행해 온 각종 구제금융 프로그램의 효율성을 따져보기 시작했다. 새롭게 실행할 정책이 더 없기도 했지만 이제는 기존 정책들의 결과를 지켜보는 단계에 왔다고 판단한 것이다. 이런 분위기를 대변하듯 2009년 2분기 첫 날인 4월 1일 뉴욕연방준비은행의 사장인 윌리엄 더들리(William C. Dudley)가 의회 청문회에 나가 '기간부 자산 담보부 융자 장치'(TALF)의 운용 결과에 대해 상세한 증언을 했다.

4월 7일 의회에서는 6개월 동안 운영한 타프에 대한 경과보고가 있었다. 각 정부기관에서는 중요 금융기관에 지원한 내용들을 정리하여 보고했다.

이 보고서는 타프 자금이 어떤 기준으로, 얼마만큼 효율적으로 지원되었는가에 대한 1차 내용을 담고 있다. 각 금융기관이 제출한 재정보고서의 투명성, 정부가 상황에 대처하면서 보여준 결단력, 금융기관 경영진의 책임 소재, 정부 정책 실행의 명확성 등 4개 항목을 기준으로 검토되었다. 중요한 것은 금융기관에 할당된 공적 자금은 재무부의 타프를 통해 5,904억 달러가 지출 또는 지출 예정이었고, 연방준비은행을 통해 1조5,000억 달러가 주택채권을 매입하는 데 사용되었다는 사실이다. 예금보험공사의 몫까지 합하면, 이들 3개 정부기관에서 구제금융으로 실제로 지원했거나 지원 예정인 것과 보증을 선 금액이 총 4조 달러에 달했다. 실로 천문학적인 금액이 구제금융 지원용으로 책정 또는 지출되었음을 알 수 있다.

5월 7일　　연방준비은행이 19개 대형 은행지주회사에 대한 스트레스 테스트 결과를 발표했다. 2009년과 2010년 두 해 동안 경기가 지금보다 더 악화될 경우 19개 은행지주회사들이 도합 6,000억 달러어치의 손실을 입을 우려가 있다는 내용이었다. 이보다 더 놀라운 사실은 19개 지주회사 중 10개의 회사가 자본금 대 자산의 적정 비율인 6%를 유지하지 못하고 있어 1,850억 달러의 자본금을 충당해야 한다는 내용이었다. 자본금이 부족한 회사들은 30일 이내에 자본금 충당 계획을 감독기관에 제출해야 하고, 2009년 11월 초까지 부족 자본금을 충당해야 한다는 내용도 뒤따랐다.

5월 8일　　악재는 계속되었다. 설립된 지 얼마 안 된 연방주택금융국(FHFA)에서 패니메이가 2009년 1분기에 232억 달러의 손실을 보았으며, 이에 따라 추가로 190억 달러의 재무부 지원을 신청한다고 발표했다. 또한 패니메이의 구제금융 지원 규모를 종전의 1,000억 달러에서 2,000억 달러로 높이며 패니메이가 차입할 수 있는 총 액수를 1조800억 달러로 상향 조정한다고 덧붙였다. 사기업이던 패니메이가 점차 국유화되는 과정이었던 셈이다. 또 이는 금융위기의 손실 및 부채에 대한 책임이 사기업에서 국가로 넘어가고 있음을 보여주는 상징적 사건이다.

5월 12일 연방주택금융국은 프레디맥의 재정 상태를 호전시키기 위해 재무부에 60억 달러의 구제금융을 신청한다고 발표했다. 프레디맥이 2009년 1분기 동안에 99억 달러의 손실을 보았던 탓이다. 또 재무부에선 프레디맥에게 지원할 수 있는 규모를 패니메이와 동일하게 1,000억 달러에서 2,000억 달러로 상향 조정하며 프레디맥이 주택융자와 관련하여 차입할 수 있는 총 금액도 패니메이와 동일한 1조800억 달러로 한다고 발표했다.

주택 경기가 호전될 기미가 아직도 안 보이는 상황에서 미국 정부는 주택시장을 떠받치고 있는 양대 주택융자회사를 포기할 수 없었다. 밑 빠진 독에 물을 붓는 모습이 연일 계속되었지만, 포기하기엔 이미 너무 늦어버렸고 또 국민들의 불안감을 진정시키기 위해선 아직 갈 길이 멀어 보였다.

하지만 이제는 구제금융 지원을 위한 새로운 정책보다는 미래 금융위기의 재발을 방지하기 위한 새로운 규제제도가 구체적으로 발표되기 시작했다. 그 예로 2009년 5월 13일 재무부에서는 상품거래법(CEA: Commodity Exchange Act)과 증권거래법을 수정하여 모든 장외 파생상품(OTC) 거래는 규제를 엄격히 받는 청산소를 통해 이루어져야 하며, 이를 감독할 수 있는 권한을 '상품 선물거래 감독위원회'(CFTC: Commodity Futures Trading Commission)에 부여하는 법안을 제안했다.

5월 19일　연방준비은행에서는 금융위기 초부터 재무부가 시도하려 했던 유동성 부재 우량 주택채권을 탈프(TALF) 프로그램의 일환으로 매입한다고 발표했다. 즉 2개의 신용평가회사로부터 최고 신용등급인 AAA를 받은 우량채권이면서도 유동성 부재로 시장가격이 제대로 형성되지 않는 주택융자 채권을 담보로 연방준비은행이 대출을 해 주겠다는 것이다. 결국 아무리 신용등급이 높은 채권이라도 매매자들이 깊은 불안감에 사로잡혀 거래가 안 이뤄지는 상황에서는 정부가 최종 매입자로 나서야 한다는, 가장 기본적인 금융해결 방안을 2년이 넘은 시점에서야 겨우 깨달은 것이다. 또 이런 정책을 실시할 때에는 의회의 예산 승인을 받아서 재무부가 앞장 서는 것이 정상적인 수순이지만 미국의 현 여건상 재무부가 나설 상황이 아니었기 때문에 부득이 연방준비은행이 나서게 되었다. 당시 재무부로서는 대형 금융기관에 국민들의 혈세가 지원된다는 여론 때문에 의회에서 필요한 예산을 확보할 수 없는 상황이었다. 그래서 의회의 제재를 전혀 받지 않고 자율적으로 통화를 증가시킬 수 있는 연방준비은행이 그 일을 맡게 되었다. 때 늦은 감은 있지만 그래도 제대로 된 해결책을 찾아간다는 차원에서 긍정적인 평가를 해 줄 수 있었다.

5월 20일　오바마 대통령은 2008년 10월 3일에 예금보험공사의 보험액을 계좌당 10만 달러에서 25만 달러로 상향 조정한 조치를

2014년 1월 1일까지 연장 실시한다고 발표했다. 이는 일차적으로 2009년 12월 31일까지로 정한 유효기간을 5년 더 연장시킨 것으로, 소비자들과 대형 은행들에겐 유리한 정책이지만 중소 규모의 은행들에겐 걱정 및 불만거리였다. 이처럼 예금보험금액을 상향 조정하면 그동안 금융위기의 장본인이던 많은 대형 은행들의 경우 고객의 믿음을 얻어 예금인출 현상이 줄겠지만 금융위기의 소용돌이 속에서도 큰 문제없이 영업을 해 오던 중소 규모의 은행들은 상대적으로 더 많은 보험료를 예금보험공사에 내야 하기 때문이다. 즉 일부 중소 규모 은행들은 경영상 아무 문제가 없는데도 보험 가입 금액이 10만 달러에서 25만 달러가 됨에 따라 2.5배에서 3배 이상의 보험료를 부담하게 된 것이다. 특히 자본금 규모가 10억 달러 미만인 소규모 지역 은행들은 예전에 비해 2.5배 이상 많은 보험료를 지불함으로써 경영실적에 직접적으로 압박을 받았다. 정부가 나서서 대형 은행을 간접 지원하는 상황도 못마땅했다.

5월 21일　예금보험공사가 대형 단자회사인 GMAC에 잠정유동성보증 프로그램을 이용하여 74억 달러 상당의 예금보험공사 보증 채권을 발행하는 것을 허가했다. 이 조치 역시 대형 금융기관들에게는 커다란 혜택이 돌아가지만 중소 규모의 은행들에겐 '그림의 떡'일 뿐이었다. 중소 규모 은행들은 이런 자금을 차입할 필요도 없고 또 예금보험공사의 보증을 받으면서까지 차입을 할 만한 규모도 아니기 때문이다. 또 예금보험공사가 이런 대형 금융회사들의 사채까지 보증을 선다는 것은 대형 은행들에게만 지나치게 우호적인 처사란 비난도 면할 수 없었다. 또한 대형 은행에서 손실이 발생할 경우 그 책임까지 져야 하기 때문에 예금보험공사로서도 더 많은 손실충당금을 축적해 놓아야 했다. 불행하게도 예금보험공사가 손실충당금을 늘리기 위해 중소 규모 은행들에게서 예전보다 더 많은 보험료를 징수했다. 그러다 보니 중소 규모 은행들로부터 보험료를 더 많이 받아내 예금보험공사의 손실충당금을 키워 놓으면, 예금보험공사가 그 자금으로 대형 은행들의 차입에 대해 보증을 서 주는 황당한 정책이라는 지적도 나왔다.

5월 27일　　2009년 1분기에 53개 은행이 추가로 '요주의 은행' 또는 '문제은행'으로 분류됐다. 이로써 문제은행의 총수는 305개라는 발표가 예금보험공사에서 나왔다. 이들 305개 문제은행들이 보유한 총자산은 2,200억 달러로, 2008년 4분기의 자산 규모 1,590억 달러보다 약 38% 증가한 액수였다. 또한 2009년 1분기 동안에 총 21개의 은행이 도산함으로써 분기별로 따질 경우 1992년 이후 가장 많은 은행이 도산한 것으로 집계되었다.

6월 9일　　　미국 재무부에서 간만에 긍정적인 발표가 나왔다. 대형은행 중 10개의 은행에서 그동안 자본매입 프로그램을 통해 차입한 융자액을 상환할 수 있을 만큼 자본력이 건전해졌다는 것이었다. 만약 이 은행들이 상환을 한다면 정부에서 680억 달러를 회수할 수 있었다. 1년 반 이상 계속해서 구제금융으로 지원만 하던 정부가 처음으로 공적 지원 자금을 환수할 수 있게 된 것이다. 더 나아가 금융시장이 안정을 찾고 있다는 신호이기도 했다. 이제 발등의 불이 꺼지기 시작했다는 증거가 보이는 듯 했다.

6월 17일　재무부에서는 금융시장을 교란시킬 수 있다고 생각되는 모든 기관에 대한 감독권을 연방준비은행에 부여하고 새롭게 창설될 금융업 규제 위원회(Financial Services Oversight Council)의 역할에 관한 법 초안을 발표했다. 일단 급한 불을 끈 뒤, 다시는 이런 금융위기가 재발하지 않도록 하기 위한 예방책을 마련하는 노력이 시작되었다고 할 수 있다.

6월 24일　연방준비은행이 그동안 유동성을 부여하기 위해 실시해 왔던 각종 융자 프로그램을 2010년 2월 1일까지 연장한다고 발표했다. 즉 자산담보 기업어음 대출장치(AMLF: Asset-Backed Commercial Paper Money Market Mutual Fund Liquidity Facility), 기업어음 자금조달 장치(CPFF: Commercial Paper Funding Facility), 프라이머리 딜러 신용제공 장치 (PDCF: Primary Dealer Credit Facility), 기간부 증권

융자 장치(TSLF: Term Securities Lending Facility) 등을 통해 2010년 2월 1일까지 계속하여 유동성을 제공하겠다는 내용이다. 단 기간부 자산담보채권 장치(TALF)만은 기존 만기일인 2009년 12월 31일을 그대로 지키며, 매 격주로 운영되던 기간부 경매 장치(TAF: Term Auction Facility)는 2009년 7월 13일부터 그 규모를 1,500억 달러에서 1,250억 달러로 축소 운영한다고 발표했다.

6월 25일　　그동안 정부의 지원을 끊임없이 받아오던 AIG가 드디어 뉴욕연방준비은행에 250억 달러어치의 이자를 상환한다고 발표했다. 다음 날인 6월 26일엔 재무부가 그동안 금융기관으로부터 인수 받은 워런트에 대한 정리 방안을 발표했다.

6월 30일　　2분기가 끝나던 날 재무부에서는 그동안 정부 여러 부처에 산재해 있던 금융업 관련 소비자 보호법을 통합 관리할 수 있는 정부 기관인 소비자 금융 보호국(Consumer Financial Protection Agency)을 신설하는 법안을 소개했다. 이는 기존의 연방준비은행과 재무부, 예금보험공사, 연방거래위원회(Federal Trade Commission), 신용조합 관리청 등의 업무를 다시 조정하는 획기적인 법안이라고 할 수 있다.

이로써 2007년 12월 연방준비은행이 실시한 기간부 경매 장치(TAF:

Term Auction Facility) 후 약 1년 6개월 동안 계속되었던 미국 내 각종 금융기관에 대한 정부의 일방적인 구제금융 지원의 끝이 드디어 보이기 시작했다. 미국의 금융시장이 안정을 찾았다기보다는 그동안 혼미했던 상황이 일단은 진정되어 서서히 정돈되어 가는 모습을 보이기 시작한 것으로 파악됐다. 정부에서는 2009년 2분기를 기점으로 구제금융 지원보다는 미래의 금융위기를 방지하기 위한 규제 제도를 새롭게 구상하는 쪽으로 초점을 맞추기 시작했다.

드디어 2009년 3분기부터 미국 경제가 그나마 회생의 기미를 조금씩 보이기 시작했다. 비록 실업률이나 신규 실직자 수는 지속적으로 위험한 수위를 유지하고 있었지만 다행히 물가상승률은 낮아지고 제조업과 금융업이 서서히 회복세를 보였다. 하지만 2009년이 디 지나기 전까진 완전한 회복을 이야기하기 힘들 듯 하다. 아직 암초들이 여기저기 숨어 있는 상태이기 때문이다. 현재까지 장기간 계속된 경기침체로 소비자들의 주머니 사정은 매우 안 좋은 상태다. 이들이 돈을 안 쓰니 중소 규모 소매상뿐 아니라 대규모 소매상들은 매출에 압박을 받는다. 이들 역시 임대료를 제대로 내지 못하니 상업용 건물 주인들은 돈을 제때 받지 못해 본인의 월부금을 금융기관에 지불하지 못하는 악순환이 지금까지 계속 진행되고 있는 것이다. 상업용 부동산의 월부금 연체가 소비자들의 신용카드 연체와 맞물려 또 다른 경기 위축을 부를 가능성이 강력히 제기되고 있는 셈이다. 그러나 그동안 엄청나게 쏟아 부은 구제금융 덕분에 미국 경제의 침체 속도는

상당히 둔화된 모습이다. 2009년 3분기 들어 그나마 잠시 숨을 돌릴
수 있는 상황을 맞고 있는 것이다.

3장
경제위기의 원인은 어디에 있을까?

1930년대

대공황 이후 80여년 만에 경험하는 초대형 경제위기라는 '명성'에 걸맞게 요인 분석도 여러 방향으로 진행되고 있다. 지금까지 나온 여러 분석 중 가장 설득력 있는 가설이 바로 신용이 미달하는 사람들에게 대출된 주택융자, 즉 서브프라임 모기지가 주요 원인이라는 것이다. 물론 어떤 상황에서든 대출을 받은 사람들이 그 돈을 상환하지 못할 경우 문제를 일으키게 된다는 것은 당연한 일이다. 하지만 이번 위기의 경우 그 속을 더 깊이 들여다보면 반드시 그들만의 문제가 아님을 알 수 있다. 즉 고객의 신용 상태가 양호하지 않다는 것을 알면서도 대출을 해 주었다면, 대출을 받은 사람만 아니라 그런 대출을 해 준 금융기관에도 분명히 책임이 있다.

또 금융기관이 무차별적으로 대출을 해 줄 수 있도록 신용평가 등급을 후하게 매긴 신용평가 회사들도 책임을 져야 하고, 저금리 기조를 유지하여 장기간 경기부양책을 시도한 정부 기관도 책임에서 자유로울 수 없다. 결국 국가 전반에 걸쳐 모든 개인 및 기관에 이번 금융위기에 대한 책임이 있는 셈이다. 그러나 아직까지 책임을 지고 나서는 기관이나 인물은 없다. 오로지 최대 피해자인 국민들만 구제금융 지원이란 명목 하에 희생을 감당해야 하는 상황이 펼쳐지고 있다. 그 결과 국민들의 분노가 위기의 불씨로 여전히 남아 있는 것이다.

이번 금융위기의 정확한 진원지를 찾으려는 노력은 여전히 진행형이다. 앞서 말한 서브프라임 주택융자가 현 금융위기 발생의 원천지라는 가설을 포함하여 그동안 미국 내에 소개된 여러 이론들을 종합적으로 소개한다.

가설 1: 저금리 정책이 원인이다

미국 통화정책의 근간을 이루는 단기 금리인 연방준비기금 금리는 2000년까지 상승하여 그해 말에는 6.5%를 기록했다. 이렇게 금리를 인상한 이유는 IT업체를 중심으로 형성된 경기 과열을 잡기 위해서였다. 1999년까지 Y2K에 대비해 미국 기업들은 IT에 과잉 투자를 했다. 일단 Y2K 문제를 무사히 넘기자 이에 대한 안도감으로 신기술에 대한 투자가 급감했다. 더불어 연방준비은행의 이자율 인상은 컴퓨터업계를 중심으로 한 신기술 분야의 활동을 급격히 얼어붙게 했다. 이 상황이 결국 경제 전반의 경기침체로 이어진 것이다. 이를 감지한 연방준비은행은 경기부양을 위해 1999년 6월부터 실시해왔던 금리인상 정책을 포기하고 금리인하 정책으로 급선회했다. 즉 2001년부터는 경기침체를 극복하기 위해 이자율 인하정책을 실시한 것이다.

표6. 미국 연방기금 금리의 변동

일자	인상폭	인하폭	금리
2000년 2월 2일	0.25%포인트	*	5.75%
3월 21일	0.25%포인트	*	6%
5월 16일	0.5%포인트	*	6.5%
2001년 1월 3일	*	0.5%포인트	6%
1월 31일	*	0.5%포인트	5.5%
3월 20일	*	0.5%포인트	5%
4월 18일	*	0.5%포인트	4.5%
5월 15일	*	0.5%포인트	4%
6월 27일	*	0.25%포인트	3.75%
8월 21일	*	0.25%포인트	3.5%
9월 17일	*	0.5%포인트	3%
10월 2일	*	0.5%포인트	2.5%
11월 6일	*	0.5%포인트	2%
12월 11일	*	0.25%포인트	1.75%
2002년 11월 6일	*	0.5%포인트	1.25%
2003년 6월 25일	*	0.25%포인트	1%
2004년 6월 30일	0.25%포인트	*	1.25%
8월 10일	0.25%포인트	*	1.5%
9월 24일	0.25%포인트	*	1.75%
11월 10일	0.25%포인트	*	2%
12월 14일	0.25%포인트	*	2.25%
2005년 2월 2일	0.25%포인트	*	2.5%

4월 22일	0.25%포인트	*	2.75%
5월 3일	0.25%포인트	*	3%
6월 30일	0.25%포인트	*	3.25%
8월 9일	0.25%포인트	*	3.5%
9월 20일	0.25%포인트	*	3.75%
11월 1일	0.25%포인트	*	4%

　여기서 눈여겨봐야 할 것은 금리 인하의 속도다. 2001년 들어서 5회에 걸친 금리 인하로 연초 6.5%이던 금리가 4개월 반 만에 4%로 떨어졌다. 또 그해 9월 11일에 뉴욕의 세계무역센터를 붕괴시킨 국제 테러사건이 발생한 뒤 급격히 식은 미국 국민들의 경제 심리를 되돌리기 위해 근래에 보기 드문 파격적 금리 인하 정책을 추가로 실시했다. 즉 2001년 한 해 동안 무려 11회에 걸쳐 금리 인하 정책을 단행함으로써 연초에 6.5%이던 금리가 연말에는 1.75%로 떨어졌던 것이다. 하지만 그 해 말 아프가니스탄 전쟁이 시작되고 추가 테러 가능성에 대한 보안 강화로 미국 경제는 불안 속에 계속 얼어붙어만 갔다. 그 결과 연방준비은행에서는 2002년과 2003년에 각 한 차례씩 금리 인하 조치를 실시하여 2003년 6월 25일부터 2004년 6월 30일까지 1년 동안 단기금리 1% 시대를 유지했다.

　이런 저금리 상황 속에서 경기과열이 예상되자 이를 사전에 막기 위해 연방준비은행이 다시 서서히 이자율을 상향 조정하기 시작했다. 2004년 6월 30일을 기점으로 0.25%포인트씩 이자율을 인상, 그 결과 2005년 11월 1일엔 4%의 금리를 기록했다. 하지만 4%의 금리는 미국의 평균 금리가 5~7% 사이 임을 감안할 때 여전히 낮은 금리였다. 4%대의 낮은 금리가 2001년 5월 15일부터 2005년 11월 1일까지 4년 반 동안 계속되면서 투자자들의 심리는 정부가 예측하지 못한 방향으로 흘러갔다. 결국 장기간의 저금리 상황은 저축보다는 소비를 부추겼고, 건전한 투자보다는 투기성 강한 고소득 투자 상품을 찾아 나서게 했다. 그 결과 주택건설을 중심으로 한 부동산 경기가 활황을 맞았고, 원자재 시장 역시 투기의 대상이 되었다. 우량주를 대표하는 다우지수가 고개를 들고 치솟기 시작했다.

경기과열을 우려한 연방준비은행은 이자율을 높이기 시작했다. 연방준비은행은 2005년 11월 1일 그 전에 3.75%이던 연방기금 금리를 이때를 기점으로 거의 매달 0.25%포인트씩 인상해 2006년 6월 29일엔 5.25%까지 끌어올렸다. 그러나 이런 금리 인상은 결국 주택시장의 냉각을 불러왔다. 그에 따라 경기도 둔화됐다. 이를 본 연방준비은행은 2007년 9월 18일에 다시 금리 인하 정책으로 돌아섰다. 하지만 이미 1년 3개월 동안이나 상대적으로 고금리인 5.25%를 유지한 탓에 돌이킬 수 없는 금융위기의 상태에 빠지고 말았다.

결국 2007년 9월부터 다시 금리 인하 정책이 시작됐지만 이미 심각한 상태에 접어든 금융위기를 되돌리기엔 역부족이었다. 미국 국민들은 2007년과 2008년 상반기를 혼수상태에서 지냈다고 할 수 있다. 끝이 안 보이게 깊어만 가는 금융위기를 바라보면서 국민들의 분노가 노골적으로 드러나기 시작했다.

일자	인상폭	인하폭	금리
2005년 11월 1일	0.25%포인트	*	4%
12월 13일	0.25%포인트	*	4.25%
2006년 1월 31일	0.25%포인트	*	4.5%
3월 28일	0.25%포인트	*	4.75%
5월 10일	0.25%포인트	*	5%
6월 29일	0.25%포인트	*	5.25%
2007년 9월 18일	*	0.5%포인트	4.75%
10월 31일	*	0.25%포인트	4.5%
12월 11일	*	0.25%포인트	4.25%
2008년 1월 22일	*	0.75%포인트	3.5%
1월 30일	*	0.5%포인트	3%
3월 18일	*	0.75%포인트	2.25%
4월 30일	*	0.25%포인트	2%
10월 8일	*	0.5%포인트	1.5%
10월 29일	*	0.5%포인트	1%
12월 16일	*	0.75~1%포인트	0~0.25%

　이런 국민 정서를 안정시키려는 듯 2008년 10월 23일에 드디어 앨런 그린스펀(Alan Greenspan) 전 연방준비은행장을 상대로 의회에서 청문회가 열렸다. 하지만 앨런 그린스펀 스스로가 금융시장에서 동원되던 각종 파생상품의 위험성을 제대로 파악하지 못했다고 인정한 것 외에는 특별한 정책적 실수나 오판을 찾아내지 못했다. 의회가 금융위기 발생에 대한 원인을 알고자 하는 국민의 요구에 부응하기 위해 전임 연방준비은행장까지 청문회에 세우긴 했지만 정직 그가 "금

융위기를 초래한 장본인"이란 결론은 내리지 못했던 것이다.

표8. 미국 연방준비은행 연바기금 기준금리 변화
(단위:%, 기간 2000년 1월_2009년9월)

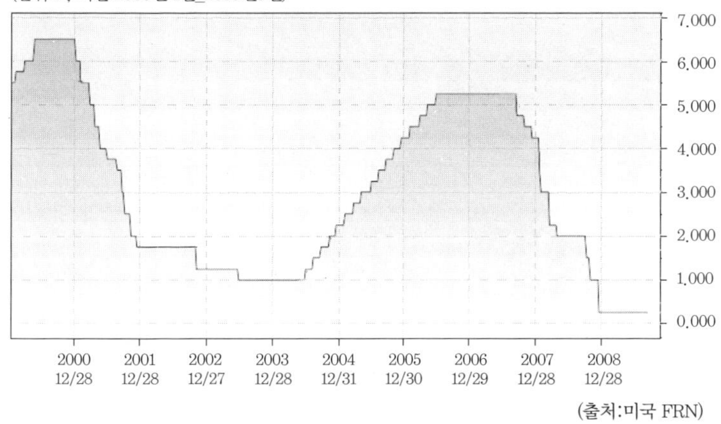

(출처:미국 FRN)

오히려 청문회에서 앨런 그린스펀의 증언은 현 연방준비은행장인
벤자민 버냉키를 보호하는 결과를 가져왔다. 즉 그린스펀에게 저금
리정책을 실시한 책임을 추궁했다면 당시 연방준비은행의 이사로 근
무했던 버냉키의 역할이 문제가 될 수도 있었다. 왜냐하면 버냉키가
연방준비은행 이사로 취임하던 2002년 워싱턴 D.C.에 소재한 전국
경제학자 클럽(The National Economists Club)에서 한 연설에서 미국은 연
방준비은행이 있는 한 디플레이션(물가하락)은 발생하지 않을 것이라
고 주장했기 때문이다. 말하자면 그 당시에 문제로 부상되었던, 디플
레이션을 방지하기 위한 이자율 인하정책을 적극적으로 지지한 사람
이 바로 버냉키였다는 이야기다. 또 2002년과 2003년에 걸쳐 단기

금리를 낮게 유지하면서 인플레이션 발생 가능성을 우려하는 목소리가 나왔을 때, 저금리의 당위성을 주장하고 그에 대한 학술적 근거를 제공한 사람도 바로 버냉키였다.

이런 상황을 감안하면 이자율 인하정책이 현 금융위기의

현 연방준비은행장 벤자민 버냉키(앞쪽)가 부시 대통령의 지명을 받은 뒤인 2005년 10월 24일 전임자 앨런 그린스펀과 함께 백악관 사무실로 들어서고 있다. 그린스펀은 2008년 청문회에서 자신이 주택융자 관련 파생상품의 위험성을 간과했다고 실토했다. 이로써 저금리정책에 따른 비난의 화살이 후임자 버냉키에게로 향하는 것을 사전에 막을 수 있었다. <연합뉴스>

주범이라고 주장할 경우에는 전임 연방준비은행장을 지낸 앨런 그린스펀보다 현직 은행장인 벤자민 버냉키의 책임만 부각시킬 수 있는 상황이었다. 그러면 결국 금융위기를 극복하기 위해 애쓰는 버냉키의 입지를 더욱 곤란하게 할 수도 있었다. 버냉키가 여론의 비난을 받아 금융위기 해결을 위한 정책을 효율적으로 실행할 수 없게 되면 미국의 금융가는 더 혼란스런 상황에 빠질 뿐이었다. 그럴 위험성을 방지하고 국민들의 분노를 누그러뜨리기 위해 앨런 그린스펀은 금융위기의 발발에 일조를 한 것은 저금리 정책이 아니라 본인이 주택융자와 관련된 다양한 파생상품의 위험성을 인식하지 못했다는 점이라고 실수를 인정했다. 그렇게 함으로써 그린스펀은 버냉키에게로 튀어갈 불똥을 미리 막아주었다고 할 수 있다.

가설 2: 정치인들의 선심공약이 문제였다

정치인들에게는 국민의 고충을 해결해줄 법안을 통과시켜 국민의 복리를 증진시킬 의무가 있다. 이런 차원에서 미국은 제2차 세계대전이 끝난 1949년에 미국주택법(The U.S. Housing Act)을 마련하여 노인과 장애인, 그리고 주택을 소유하지 못하고 임대해 사는 국민들에게 주거비를 보조해 주기 시작했다. 이 정책은 수차례의 보완을 거쳐 현재까지 미국 내 저소득층의 주거 문제를 해결하는 데 많은 도움을 주고 있으며, 가장 성공한 정책의 하나로 꼽힌다. 이 정책은 또 2009년 2월 17일 오바마 대통령이 미국 경제를 회복시키기 위해 통과시킨 7,890억 달러 규모의 '미국 회복 및 재투자법'과도 맞물려 있다. 오바마 대통령은 이 법에 따라 140억 달러의 자금을 추가로 지원함으로써 저소득층을 위한 주택융자 시장에 활기를 불어넣으려 하고 있다.

 이와 함께 미국 내 저소득층의 주택 소유를 지원하는 정책이 있는데, '지역재투자법'(CRA: Community Reinvestment Act)이 바로 그것이다. 이 법은 제 39대 미국 대통령이던 지미 카터(Jimmy Carter)가 1977년에 그 전까지 존재하던 각종 법안들을 보완하여 통과시킨 것이다. 그 후에도 여러 차례 수정을 거쳤으며, 1999년에 그램-리치-블라일리 법(Gramm-Leach-Bliley Act 또는 Financial Services Modernization Act)을 통해 그 영향력이 크게 확대되는 전기를 맞았다. 즉 미국 내에서 금융지주회사가 되기 위해서는 연방준비은행의 인가를 받아야 하는데, 인가 조건 중 하나가 바로 지역재투자법을 준수해야 한다는 내용이다. 이 법과 후속 법안들을 뭉뚱그려 '감당할 수 있는 주택정책'(Affordable Housing Policy)이라고 부른다.

 이에 따르면, 금융기관은 전체 자본금의 15%까지 저소득층의 주택 구매를 위해 융자해 줄 수 있으며 지역재투자법에 따른 전체 투자액 중 50%는 반드시 주택융자로 지출되어야 한다. 그런데 각 금융기관들이 이 법을 잘 준수하고 있는지 여부를 감시 감독하는 기관을 너무 많이 두었다는 점이 문제점으로도 지적되었다. 즉 연방준비은행과 예금보험공사, 재무부 내 통화감독국(OCC)과 저축감독국(OTS) 등이 그런 조건에 신경을 쓰고 지켜보다 보니, 자산 규모 2,500억 달러 이상의 중형 금융기관들 중 많은 수가 이 법을 준수하느라 주택대출의 규모에만 신경을 썼을 뿐 대출 자격에 대한 심사를 소홀히 했다는 지적을 받고 있다. 그 결과 서브프라임 모기지 사태가 발생하는 주요 요인으로 작용했다는 설이다 .

가설 3: 정경유착의 부조리가 주범이다

미국 정치인들의 경우 국민의 환심을 사서 선거에 당선되는 것이 최대의 과제이자 목표다. 이는 동서고금을 막론하고 마찬가지다. 정치인들이 선거에 승리하기 위해서는 투표자들에게 자신을 알려야 하고, 또 그러기 위해서는 매스컴을 타야 한다. 매스컴을 타기 위해서는 돈을 들여 광고를 해야 한다. 그렇다 보니 정치자금 또는 선거자금을 대주는 기업이나 개인에게 신경을 쓰지 않을 수 없고, 특히 당선이 되고 난 후엔 이들의 관심사에 협조할 수밖에 없다. 이런 부조리의 가능성을 감안, 미국의 정치자금법은 여러 가지 방지책을 만들어놨지만 법으로 모든 것을 막을 수는 없는 노릇이다.

예를 들어 미국 내 기업이나 외국인들은 특정 정치인에게 선거자금을 내놓을 수 없도록 정하고 있지만, 회사 직원들에 대해서는 정치인을 후원할 목적으로 1인당 1년에 5,000 달러까지 헌금할 수 있는 정치활동위원회(PAC: Political Action Committee)에 참여할 수 있도록 하고 있다. 정치활동위원회는 특정 정치인을 간접 후원하는 장치로, 일종의 공동 모금 창구 역할을 한다. 정치활동위원회에서는 특정 정치인에게 선거철마다 5,000 달러까지 헌금을 할 수 있다. 각 회사에서는 직원들이 이런 정치활동위원회를 운영할 수 있도록 법적 및 사무적 지원을 할 수 있다. 그렇기 때문에 결국엔 회사가 특정 정치인이나 정당을 지원할 수 있으며, 이에 따라 정치인들에게 영향력을 발휘할 수도 있다.

그 반면 개인들은 선거마다 2,400 달러까지 특정 정치인에게 헌금할 수 있으며, 특정 정당에는 1년에 30,400 달러까지 헌금할 수 있다. 또한 지방자치단체 선거를 위해 매년 10,000 달러까지 지원할 수 있으며, 정치활동위원회에도 5,000 달러까지 지원할 수 있다. 단 헌금 총액이 2년간 11만5,500 달러를 초과하지 못한다. 또한 개인이 헌금을 할 경우 본인의 소속 기관을 명시해야 하는데, 이는 직원들로 하여금 특정 정치인을 적극 지원하게 하여 정치적 영향력을 행사하려는 기관들을 감시하기 위한 장치이다. 말하자면 기업이 직원들을 통하여 정치인을 매수하는 행위를 감시하기 위한 것이다.

언뜻 보면 미국에서는 개인들의 정치 헌금이 비교적 자유롭게 이뤄지는 듯 보이지만 개인이 거금을 헌금하는 경우가 흔하지 않다 보니 회사의 직간접적 지원이 더 큰 역할을 한다. 예를 들어 직원들에게 특정 정치인이나 정당을 지원하도록 회사에서 추천하면서, 그 정치인이나 정당에 헌금한 직원들에게는 헌금한 액수만큼 연말에 보너스로 정산해 주는 편법을 쓰는 경우가 흔하다. 이렇게 되다 보니 결국 개인들의 영향력보다는 회사들의 힘이 더 강하게 작용할 뿐 아니라 회사가 밀어주는 정치활동위원회의 영향력이 막강하다. 결국 다음 도표를 통해 확인할 수 있듯이, 2006년 미국 상원의 재무위원회 소속 찰스 슈머 의원에게 각종 금융기관이 헌금한 내용을 보면 개인 헌금이 압도적으로 많은 것으로 나타났지만, 실제로는 개인들이 소속되어 있는 금융기관들의 영향력이 상당하다. 즉 골드만삭스에서 찰스 슈머 의원에게 제공한 18만2,590달러의 정치 헌금은 모두 골드만삭스 직원 개인들이 한 것이 사실이지만, 이런 금액을 지원할 수 있게 된 배경엔 골드만삭스라는 기관이 버티고 있는 것이다. 무엇보다 중요한 것은 슈머 의원 스스로가 골드만삭스가 자신의 선거자금 조달에 얼마나 큰 역할을 하고 있는지를 잘 알고 있다는 사실이다.

표9. 2006년 찰스 슈머 상원의원에게
선거자금을 가장 많이 헌금한 회사 톱20 (단위: 달러)

순위	회사명	총액	개인 헌금	PAC 헌금
1	Goldman Sachs	182,590	182,590	0
2	JP Morgan Chase	129,800	129,800	0
3	Merril Lynch	127,000	126,000	1,000
4	Bear Stearns	126,400	126,400	0
5	Citigroup	111,550	103,550	8,000
6	Morgan Stanley	109,500	109,500	0
7	UBS America	103,000	103,000	0
8	Ernst & Young	101,800	97,800	4,000
9	Kasowitz, Benson et al	100,250	100,250	0
10	Newmark & Co	98,700	98,700	0
11	Paul, Weiss et al	76,500	76,500	0
12	Credit Suisse	73,712	72,900	812
13	Lehman Brothers	72,500	72,500	0

14	Metropolitan Life	64,984	59,000	5,984
15	Sullivan & Cromwell	63,500	63,500	0
16	Bank of America	63,100	54,100	9,000
17	AOL Time Warner	61,500	61,500	0
18	New York Life	60,000	60,000	0
19	Milberg, Weiss et al	56,750	56,750	0
20	Bank of New York	54,999	54,999	0

(출처:http://www.opensecrets.org/politicians/contrib.php?cycle=2006&cid
=N00001093)

재미있는 것은 이번 금융 위기 중 정부의 구제금융을 받은 금융기관들이 정치자금으로 헌금한 액수와 TARP로 지원받은 액수를 비교해 볼 때, 정치자금을 많이 낸 금융기관일수록 정부 지원금을 더 많이 받았다는 사실이다. 이는 다음 도표에서 쉽게 확인된다. 물론 대형 기관이 소형 기관보다 더 많은 금액을 정치자금으로 헌금하는 것이 자연스러운 일일 수 있다. 따라서 그 수치를 바탕으로 대형 기관이 받은 지원금 액수가 과다하다고 단정 지을 수는 없다. 하지만 혹시 있을지도 모르는 이번과 같은 금융위기에 대비해 정치권에 자금을 제공해 왔다는 의혹도 남는 게 사실이다. 그만큼 정경유착은 선진국과 후진국을 가리지 않고 어느 곳에서나 드러나는 현상임을 알 수 있다.

표10. TARP 기금을 받은 금융기관들이 내놓은 정치 헌금
(기간은 2000~2007년)(단위: 달러)

금융기관	소재한 주	정치 헌금 총액	TARP 지원금
Bank of America	NC	5,977,719	25,000,000,000
Citigroup	NY	4,356,101	25,000,000,000
JP Morgan Chase	NY	1,478,438	25,000,000,000
Wells Fargo & Co.	CA	8,000	25,000,000,000
Goldman Sachs	NY	531,850	10,000,000,000
Morgan Stanley	NY	266,126	10,000,000,000
PNC Financial Group	PA	40,000	7,579,200,000
US Bancorp	MN	563,233	6,599,000,000
Suntrust Banks	GA	500	4,850,000,000
Capital One Financial	VA	9,125	3,555,199,000
Regions Financial	AL	981,534	3,500,000,000
Fifth Third Bancorp	OH	703,180	3,408,000,000
American Express	NY	11,524	3,388,890,000
Branch Banking	NC	885,060	3,133,640,000
Keycorp	OH	679,861	2,500,000,000
CIT Group	NY	10,000	2,330,000,000
Comerica Inc.	TX	811,393	2,250,000,000
State Street Corp.	MA	94,050	2,000,000,000
Marshall & Ilsley	WI	30,400	1,715,000,000
Northern Trust Corp.	IL	122,660	1,576,000,000
Zions Bancorporation	UT	274,010	1,400,000,000
Huntington Bancshares	OH	610,500	1,398,071,000

(출처: http://www.followthemoney.org/press/ReportView.phtml?r=384&
PHPSESSID)

선거 자금과 관련하여 재미있는 또 다른 사실은 2008년 미국 대통령 선거에서 초임 상원의원이던 바락 오바마가 인터넷 모금을 통해 상대방 존 매케인(John McCain) 공화당 대통령 후보보다 압도적으로 많은 금액을 모았다는 점이다. 대통령 선거운동 자금으로 오바마는 총 6억5,635만 달러를 모금했는데 이 중 88%가 개인들의 헌금이었다. 또한 400만 명이나 되는 개인들이 인터넷을 통해 선거자금을 헌금함으로써 미국 선거에서 인터넷의 중요성을 부각시켰다. 하지만 이번 금융위기의 장본인들로 지적되고 있는 주택융자 회사들인 패니메이와 프레디맥이 지출한 총 300만 달러 이상의 정치자금 헌금액 중에 초선 상원의원으로 3년밖에 재직하지 않은 오바마에게 두 번째로 많은 헌금을 내놓았다는 사실은 구설에 오를 만한 일이다.

다음 도표에서 보듯, 오바마 역시 선거에서 이기기 위해서는 선거자금이 필요했고 이런 일련의 헌금을 통해 대통령에 당선되었다고 할 수 있다. 특히 주목할 만한 사실은 2008년 후반 대통령에 당선될 가능성이 낮았던 존 매케인은 헌금 대상 중 최하위를 기록한 반면 당선 가능성이 높았던 오바마에게는 상대적으로 많은 금액이 지원됐다는 것이다. 우연의 일치로만 보긴 힘들다. 물론 패니메이와 프레디맥에 구제금융이 지원된 것은 오바마 대통령이 당선되기 이전 일이었지만 몰락하던 패니메이와 프레디맥이 베팅을 제대로 했다고 볼 수 있다. 기업이 왜 그렇게 정치인들과의 관계 유지에 목을 매야 하는지 다시 한 번 생각해 보게 되는 대목이다.

표11. 페니메이와 프레디맥이 정치인 별로 지원한 정치헌금액(2008년도)

정치인	상(하)원	출신 주	소속당	총계	PAC 헌금	개인헌금
Dodd, Christopher	S	CT	D	165,400	48,500	116,900
Obama, Barack	S	IL	D	126,349	6,000	120,349
Kerry, John	S	MA	D	111,000	2,000	109,000
Bennett, Robert	S	UT	R	107,999	71,499	36,500
Bachus, Spencer	H	AL	R	103,300	70,500	32,800
Blunt, Roy	H	MO	R	96,950	78,500	18,450
Kanjorski, Paul	H	PA	D	96,000	57,500	38,500
Bond, Christopher	S	MO	R	95,400	64,000	31,400
Shelby, Richard	S	AL	R	80,000	23,000	57,000
Reed, Jack	S	RI	D	78,250	43,500	34,750
Reid, Harry	S	NV	D	77,000	60,500	16,500
Clinton, Hillary	S	NY	D	76,050	8,000	68,050
Davis, Tom	H	VA	R	75,499	13,999	61,500
Boehner, John	H	OH	R	67,750	60,500	7,250
Conrad, Kent	S	ND	D	64,491	22,000	42,491
Reynolds, Tom	H	NY	R	62,200	53,000	9,200
Johnson, Tim	S	SD	D	61,000	20,000	41,000
Pelosi, Nancy	H	CA	D	56,250	47,000	9,250
Carper, Tom	S	DE	D	55,889	31,350	24,539
Hoyer, Steny	H	MD	D	55,500	51,500	4,000
Pryce, Deborah	H	OH	R	55,500	45,000	10,500
Emanuel, Rahm	H	IL	D	51,750	16,000	35,750
Isakson, Johnny	S	GA	R	49,200	35,500	13,700
Cantor, Eric	H	VA	R	48,500	46,500	2,000
Crapo, Mike	S	ID	R	47,250	40,500	6,750
Frank, Barney	H	MA	D	42,350	30,500	11,850
Bean, Melissa	H	IL	D	41,249	34,999	6,250

Bayh, Evan	S	IN	D	41,100	16,500	24,600
McConnell, Mitch	S	KY	R	41,000	40,000	1,000
Maloney, Carolyn	H	NY	D	39,750	16,500	23,250
Dorgan, Byron L	S	ND	D	38,750	30,500	8,250
Miller, Gary	H	CA	R	38,000	31,500	6,500
Rangel, Charles	H	NY	D	38,000	14,750	23,250
Tiberi, Patrick	H	OH	R	35,700	32,600	3,100
Bunning, Jim	S	KY	R	33,802	29,650	4,152
Stabenow, Debbie	S	MI	D	33,450	32,000	1,450
Chambliss, Saxby	S	GA	R	33,250	22,500	10,750
Menendez, Robert	S	NJ	D	31,250	30,500	750
Enzi, Mike	S	WY	R	31,000	27,500	3,500
Van Hollen, Chris	H	MD	D	30,700	11,000	19,700
Landrieu, Mary	S	LA	D	30,600	20,000	10,600
Murray, Patty	S	WA	D	30,000	23,000	7,000
Clyburn, James	H	SC	D	29,750	26,000	3,750
Crowley, Joseph	H	NY	D	29,700	25,500	4,200
Sessions, Pete	H	TX	R	29,472	24,000	5,472
McCrery, Jim	H	LA	R	29,000	26,000	3,000
Hooley, Darlene	H	OR	D	28,750	19,500	9,250
Royce, Ed	H	CA	R	28,600	4,000	24,600
Renzi, Rick	H	AZ	R	28,250	28,000	250
Lieberman, Joe	S	CT	I	28,250	11,500	16,750
Baucus, Max	S	MT	D	27,500	21,000	6,500
Moore, Dennis	H	KS	D	26,550	25,500	1,050
Coleman, Norm	S	MN	R	24,690	12,000	12,690
Matheson, Jim	H	UT	D	24,500	24,000	500
Schumer, Charles	S	NY	D	24,250	1,500	22,750
Durbin, Dick	S	IL	D	23,750	14,000	9,750

Rogers, Mike	H	MI	R	22,750	21,000	1,750
Lynch, Stephen	H	MA	D	22,500	13,500	9,000
Rockefeller, Jay	S	WV	D	22,250	5,000	17,250
Smith, Gordon	S	OR	R	22,000	20,000	2,000
Mikulski, Barbara	S	MD	D	21,750	16,500	5,250
McCain, John	S	AZ	R	21,550	0	21,550

(S=상원의원, H= 하원의원, D=민주당, R=공화당, I=무소속)

(출처: http://www.audacityofhypocrisy.com/2008/09/18/all-recipients-of-fannie-mae-and-freddie-mac-campaign-contributions-1989-2008/)

가설 4: 주택융자 브로커들의 '묻지마' 식 대출이 원흉이다

　자본주의 사회에서는 자본가가 돈을 빌리려는 이에게 대출을 해 줌으로써 이자 소득을 누리게 된다. 현대 사회에서 그런 자본주의 본연의 역할을 가장 잘 하고 있는 곳을 찾는다면 바로 주택금융 시장을 꼽을 수 있다. 주택금융 시장에서는 차입자가 주택융자 브로커를 통해 자본가로부터 주택구입 비용을 조달하고, 그런 방법을 통해 주택을 소유하게 된다. 또한 차입자는 그 자본을 빌리는 대가로 자본가에게 매월 주택융자 할부금을 지불하게 되어 있다.

　미국에는 여러 유형의 주택융자가 있다. 이 중 몇 가지를 보면 적용하는 이자율에 따라 크게 변동형과 고정형으로 구분된다. 고정형은 다시 15년 만기와 30년 만기 주택융자로 나뉜다. 이 융자는 이자율이 15년 또는 30년 동안 변하지 않기 때문에 처음 주택을 구입할 때 이자율이 정해지면 그 다음부터 발생하는 금리 변동의 영향을 오랫동안 받지 않는다. 그런 한편 변동형 주택융자에 비해 이자율이 약간 높게 적용되는 것이 상례다. 이번 미국의 금융위기는 고정형이 아닌 변동형 주택융자 때문에 일어났다. 변동형의 유형으로는 (1)1년 또는 3년 만기 변동금리 주택융자 (2)지불옵션 주택융자(pay-option mortgage)의 대표 격인 이자지불 주택융자(interest only mortgage) (3)기타 변형된 것들 중에 대표 격인 40/30 주택융자(40/30 mortgage)와 80/23 주택융자(80/23 Back Pack mortgage) 등이 있다.

1년 만기 변동금리 주택융자의 경우 해마다 이자율이 새로 결정된다. 예를 들어 첫 해에 3%에 주택융자를 받은 사람은 1년 후 이자율이 4%로 오르면 3%가 아닌 4%의 이자율로 지불해야 한다. 또한 3년 만기 변동금리 주택융자는 3년마다 이자율이 새로 결정되는 주택융자다. 예를 들어 첫 해에 2%에 주택융자를 받은 사람은 3년이 지난 후 이자율이 5%로 증가하면 오른 이자율인 5%의 이자를 부담해야 한다. 이 두 가지 주택융자는 전형적인 변동금리 주택융자로, 융자를 받은 후 이자율이 하락하게 되면 떨어진 이자율로 재융자를 신청할 수 있는 장점이 있긴 하지만 그 반대로 이자율이 상승하게 되면 더 높은 이자를 지불해야 하는 단점이 있다. 또한 1년 후 또는 3년 후 이자율이 현재보다 더 낮을지 아니면 더 높을지 장담할 수 없는 상황에서 그 만큼 미래에 대한 불확실성이 높은 것이 단점이기도 하다.

이보다 더 문제가 될 수 있는 유형이 지불옵션 주택융자인데, 이는 차입자에게 월부금을 얼마만큼 지불할 것인지에 대한 선택권이 부여된 주택융자 방법이다. 일반적으로 지불옵션 주택융자는 5년 만기 때 이자율이 다시 책정된다. 5년 만기가 되기 전에 ⑴매월 최소의 지불금을 지급하든가 ⑵이자만 지급하든가 ⑶15년 만기 고정금리 주택월부금을 지급하든가 ⑷30년 만기 고정금리 주택월부금을 지급하든가 다양한 선택을 할 수 있어 매달 자금 사정에 따라 월부금을 많이 내거나 적게 낼 수 있는 융통성이 있는 대출이다.

만약 최소 지불금 방법을 선택한다면 차입자는 제일 작은 금액을 지불하게 된다. 반면에 15년 만기 고정금리 주택 월부금을 선택하면 제일 많은 금액을 지불하게 된다. 하지만 매월 최소 지불금만 지급할 경우 이자도 못 갚는 액수이기 때문에 해마다 원금이 새롭게 산정되고, 그에 따라 최소 지불금이 다시 결정된다. 즉 그동안 갚지 못하고 밀린 이자가 원금에 더해져 최종적으로 갚아야 할 금액이 원금보다 더 많게 된다. 그 결과 만기일 이전까지는 아주 작은 금액을 지불하는 장점이 있고 또 자금에 여유가 있을 경우엔 더 많은 금액을 지불할 수 있는 융통성이 있어 좋지만, 결국 원금보다 많은 목돈을 갚아야 하는 위험을 안고 있다.

이런 주택융자는 보통 단기간 주택을 보유하고 있다가 주택 가격이 상승하게 되면 금세 되팔아 매매 차익을 실현하려는 사람들이 주로 사용하던 투기성 주택융자 방법의 하나였다. 하지만 수입이 불규칙

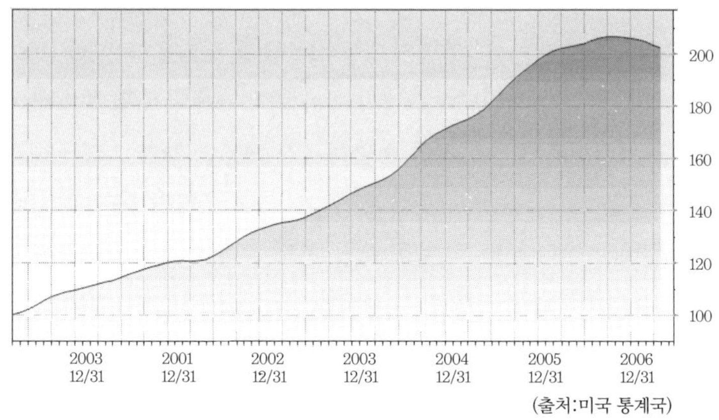

한 사람들이 월부금을 임의대로 조절하면서 주택을 소유할 수 있다는 긍정적인 면도 분명히 있기는 하다. 이 지불옵션 주택융자 방법은 단기 금리가 낮았던 2003년부터 금리가 서서히 인상되던 2005년 사이에 절정의 인기를 누렸다. 그러다 2005년 하반기부터 재무성과 연방준비은행, 그리고 언론에서 그 문제점을 지적하기 시작했다.

　위의 도표에서 보듯, 미국 전역의 부동산 가격 흐름을 저울질해 주는 케이스-실러 지수(Case-Schiller Index)는 2000년부터 상승세를 보였다. 특히 주택융자업이 활황세를 타던 2003년과 2006년 사이 주택가격은 전례 없는 급상승세를 보였으며, 이 기간에 변형된 주택융자 기법들이 많이 등장했다. 그 중에서 40/30 주택융자 방법은 만기는 30년이지만 월부금은 40년 만기 고정금리 주택융자로 산출하여 지불하는 방법이다. 말하자면 금리 5%로 10만 달러의 주택대출을 받았다면 40년 만기의 경우 월부금이 482달러이지만 30년 만기의 경우 537달러가 된다. 이럴 경우 40년 만기의 월부금인 482달러를 내고 10년이 지나면 이번엔 원래 이자율인 5%를 적용하여 20년 만기 주택융자로 전환이 된다. 하지만 만약 10년이 되기 전에 주택을 매각 청산하면 30년 만기 주택 월부금보다 더 작은 40년 만기 월부금을 지불함으로써 매월 약 55달러의 월부금 부담이 줄어들며 주택매매 차익금도 얻을 수 있는 장점이 있다. 이 역시 주택을 구입한 후에 주택 가격이 상승할 경우 매매차익을 노리는 단기 투자자들의 전략으로 사용되었다.

이외에 80/23 주택융자 방법은 H&R 블록(H&R Block)의 자회사였던 옵션원 모기지(Option One Mortgage)사에서 2005년 이전까지 사용하던 주택융자 기법이다. 단기 주택매매 차익을 노리는 주택 투기자들을 겨냥하여 만든 대출 방법이며, 처음 주택을 구매할 때 주택 가격의 80%를 융자해주고 주택 소유 관련 명의 이전이 확인되면 다시 주택 가격의 23%를 융자해 주는 방법이다. 이 방법을 이용하면 차입자가 주택 가격의 103%까지 빌리는 것이 가능해진다. 이렇게 위험성이 높은 융자를 해준 이유는 주택 매매가격이 최초 구입가격의 103%만 넘으면 원금 회수에 문제가 없고 그 이상을 초과하게 되면 수수료나 기타 비용을 만회할 수 있을 뿐 아니라 매매 차익까지 발생하기 때문이다. 물론 주택 가격이 하락하면 대출 회사가 손실을 보게 되지만, 주택 가격이 상승하리라는 확신만 선다면 주택을 매물로 투기를 할 수 있는 금융 기법이다. 이런 융자 방법을 H&R 블록 같이 명성 있는 회사가 주도적으로 팔고 나서면서 미국 주택시장에 거품을 불어넣었다는 것이 문제로 지적되었다.

무엇보다도 황당한 일은 자기 돈은 한 푼도 들이지 않고 주택을 구입할 수 있었다는 사실이다. 빈털터리 상태에서도 주택을 구입할 수 있는 무계약금 대출, 즉 '노머니 다운'(No Money Down) 대출이 집행되었고, 또한 차입자들의 소득이나 신용 상태를 확인할 증빙서류를 전혀 요구하지 않는 묻지마 대출, 즉 '노닥'(No Doc) 대출을 많은 주택융자 회사들이 서슴없이 실행했던 것이다. 그 이유는 주택 가격이 계속 상승할 게 확실하다고 믿는 분위기가 사회 전반에 팽배했기 때문이다. 이런 상황이라면 담보로 잡은 주택 가격이 하락하지 않는 한 차입자나 대출업자들이 결코 손해를 보지 않기 때문이다. 하지만 이런 무계약금 대출과 묻지마 대출은 결국 주택시장에 거품을 키웠고, 그 거품이 꺼지면서 급속도로 주택시장의 붕괴와 대출업계의 파산을 초래했다. 금융위기 초에 문제가 특히 심각했던 남부 지역 텍사스 주와 조지아 주에서는 연방주택청 융자 중 무려 30% 이상이 차입자가 아닌 제3자가 계약금을 지불하여 주택 매입이 이루어진 경우였다.

이렇듯 상식을 벗어난 각종 유형의 주택융자 기법들이 향후 문제가 될 수 있다는 점이 2005년 12월 버냉키의 연방준비제도이사회 의장 임명에 앞서 열린 청문회에서 제기됐다. 그러나 당시로서는 실제 사회문제로 드러나지 않은 상황이었기에 조용히 넘어갔다. 하지만 이후 이자율이 지속적으로 인상됨에 따라 주택융자 연체율이 증가했고, 그 수준이 심각한 상태에 도달한 2007년부터 미국 금융위기가 본격적으로 시작되었다고 할 수 있다.

가설 5: 주택융자업계의 비도덕성이 주범이다

이번 미국의 금융위기를 뒤돌아보면 제정신이었던 사람이 한 명도 없었던 것 같다. 리처드 비트너(Richard Bitner)는 저서 『어느 서브프라임 대출자의 고백』(Confessions of a Subprime Lender)에서 주택융자 회사 직원들이 자신들의 이익을 위해 각종 비리를 얼마나 쉽게 저질렀는지를 잘 설명하고 있다. 한 예로 신용불량자나 기준에 미달하는 사람이 주택대출을 신청하러 오면 개인 신용평가 회사들을 두루 돌아다니며 제일 높은 신용평가 점수로 융자 서류를 꾸며줬다. 심한 경우에는 신용평가 점수가 좋은 제3자의 이름을 도용하여 서류를 작성해주기도 했다. 뿐만 아니라 대출 심사에서 불리한 내용의 서류들은 일부러 삭제하거나 첨부하지 않음으로써 대출 심사관들로 하여금 서류에 드러나는 장점만 보도록 유도하기도 했다. 이보다 더 심한 경우엔 소득 보고서나 납세 증명서까지 위조하여 대출 서류에 첨부하기도 했다. 이렇게 서류를 조작하면서까지 대출 서류를 작성한 이유는 첫째, 대출 서류 작성자와 융자회사가 별개인 경우가 많았고 둘째, 대출 서류 작성자가 대출을 많이 해주면 해줄수록 실적이 좋아져 보너스를 더 많이 챙길 수 있었기 때문이다.

더불어 담보로 제공될 주택에 대한 평가를 지나치게 높게 잡는 경우도 흔했다. 주택융자 회사의 입장에서는 주택융자를 많이 할수록 그에 따른 수수료 수입과 이자 수입이 증가하게 되어 있다. 예를 들어 30만 달러짜리 주택을 구입한 사람이 융자를 신청할 경우 대출회사에서는 그 주택 구입에 필요한 30만 달러를 대출해 주는 것이 아니라 35만 달러를 대출해 준다. 이럴 경우 주택 가격을 과대평가해 준 감정사는 감정 수수료를 챙겨 좋고, 차입자는 5만 달러의 여유 자금이 생겨 좋고, 대출 서류 작성자는 수수료 수입이 생겨 좋고, 대출회사는 더 많은 대출 원금을 바탕으로 더 많은 이자 수입을 챙길 수 있어 좋은, '누이 좋고 매부 좋은' 일이었다. 이런 상황은 주택 가격이 지속적으로 오를 경우에는 아무런 문제가 없다. 하지만 주택 가격이 하락하여 대출금 밑으로 떨어질 경우 대출회사는 큰 손해를 보게 된다. 바로 이런 상황이 이번 금융위기를 촉발시킨 한 요인이다.

이 가설을 입증하는 증거로 월스트리트 저널은 2008년 5월 2일 컨트리와이드 금융회사가 2007년 한 해에 주택 감정 수수료로만 벌어들인 수입이 자그마치 1억7,300만 달러에 달한다는 점을 제시했다. 감정 수수료만 이만한 규모일진데 그보다 분명 더 클 이자 수입 등을 얼마나 챙겼을 지 미뤄 짐작할 수 있다. 이렇듯 과대평가된 주택 감정가격이 주택경기 거품이 빠지던 2008년 5월경 미국 내 전체 주택 소유주 중 24%, 즉 1,220만 가구를 자산이 하나도 없는 상황으로 몰아넣었다. 융자액이 증가하면 보너스도 그만큼 늘어나는 제도가 악용되면서 모든 경제 주체들이 사회 전체의 이익보다는 개인의 이익만을 추구하는 탐욕에 눈이 멀었던 것이다.

가설 6:
신용평가 회사들의 직무유기가 문제였다

세계적인 신용평가 회사 중 하나인 무디스는 1900년에 존 무디(John Moody)가 창설했다. 100년 후인 2000년에 던 앤드 브래드스트리트(Dun & Bradstreet)라는 금융 컨설팅 회사와 갈라지면서 기업공개를 통해 독립 주식회사가 되었다. 세계적으로 유명한 투자가 워런 버핏(Warren Buffett)의 회사인 버크셔 해서웨이(Berkshire Hathaway)가 이 회사의 기업 공개 당시 19%의 지분을 샀을 정도로 수익성이 좋은 회사다. 또한 이 회사는 2001년에 파산한 텍사스 주의 에너지 회사 엔론(Enron)에 대한 신용평가 분석을 제대로 하지 못했다는 비난 속에서도 당시 엔론의 회계 감사를 담당했던 아서 앤더슨(Arthur Andersen)에게 그 책임을 전가하면서 무사히 여론의 화살을 피하기도 했다.

중요한 점은 바로 이 무디스란 신용평가 회사가 기업을 공개하기 전인 1999년에는 파생상품 관련 신용평가 시장에서 점유율이 14%에 그쳤지만, 기업공개 후 1년이 지난 2001년엔 64%를 기록했다는 사실이다. 또 기업공개 후 첫 4년 동안 주식가격은 500%나 올랐다. 이런 획기적인 성장은 일단 무디스 직원들의 탁월한 업무 능력에 근거했다고도 볼 수 있다. 그러나 월스트리트 저널은 2008년 4월 11일자 신문 1면을 통해 무디스의 급성장은 신용평가를 부풀렸기 때문에 가능했다는 분석을 내놨다. 이어서 2008년 5월 2일자와 6월 20일 기사(C6면)에서도 같은 문제를 다루면서 신용평가 회사들이 주택융자 관련 파생상품에 대해 신용평가 등급을 부적절하게 산정하고 있다고 지적했다.

그 예로 2006년에 발행된 모든 서브프라임 주택융자 관련 채권 중 80%가 최고 등급인 AAA를 받은 반면, 지방 채권은 단지 14%만 AAA 등급을 받았다. 이 사례는 신용평가 회사들이 신용 미달자들의 신용을 지방 정부의 신용보다 더 높게 평가했다는 증거로 제시되었다. 코미디가 아닐 수 없다. 이들 신용평가 회사들은 10억 달러 상당의 파생상품에 대한 평가를 내리는 데 90분도 채 걸리지 않았다. 하지만 정작 무디스는 이런 졸속 신용평가나 과대 신용평가에 따른 후유증으로 금융위기가 발생했다는 지적에 대해 전면 부인한다.

2008년 10월 18일자 영국의 파이낸셜 타임스의 샘 존스 기자도 무디스를 심층 분석하는 기사를 썼다. 존스 기자는 무디스의 존 디아즈 상무의 말을 다음과 같이 요약하고 있다.

"무디스 사는 정보제공자로서 회사들의 재정적 건강상태를 연구 분석하여 투자자들이 어디에 투자해야 할지를 놓고 고민할 때 도움이 될 의

견을 제공한다. 신용 평점은 상대적인 신용 가치를 표현하는 상징일 뿐
이다."

　디아즈 상무의 말 중에서 중요한 대목은 신용평가 내용이 정보일
뿐, 그 이상도 아니고 그 이하도 아니라고 한 부분이다. 또한 신용평
가 회사는 정보를 제공하는 회사일 뿐이기 때문에 문제가 발생해도
모든 책임은 그 정보를 이용하는 사람에게 있다는 주장이다.

　하지만 이런 주장은 어불성설임을 모든 채권 투자자들이 잘 알고
있다. 채권에 투자하고자 하는 모든 미국 내 기관투자가들은 채권 발
행자의 신용에 대해 최소 2개의 신용평가 회사들로부터 평가보고서
를 받도록 규정되어 있기 때문이다. 현재 양대 신용평가 회사인 무디
스와 스탠더드 앤드 푸어스가 신규 발행 채권에 대한 신용평가를 독
점하고 있는 상황이다. 그렇기 때문에 이들이 발행하는 신용등급은
채권 발행자의 차입 금리 및 차입의 성패를 좌우할 뿐 아니라 기관투
자가들의 투자 결정에 중대한 영향을 미치지 않을 수 없다.

　무디스와 스탠더드 앤드 푸어스가 어쩌다 이렇듯 막강한 영향력을
행사하게 됐는지도 살펴볼 필요가 있다. 모든 신규 채권발행자들은
신용평가 업계를 독점하고 있는 이 양대 회사에 신용평가 의뢰비를
지급하지 않을 수 없다. 즉 채권을 발행하여 기관투자가들에게 판매
하기 위해서는 이 회사들에 신용평가를 의뢰해야 하며, 그 회사들이
평가해 주는 신용등급에 따라 차입 금리도 정해지고 채권 매매의 성
패가 판가름 난다. 이렇다 보니 신용평가 회사들은 가만히 앉아서 제

발로 찾아오는 신규 채권 발행자들을 맞이하기만 하면 돈벌이가 되는 구조였다.

그러던 것이 1990년대부터 피치 레이팅스라는 제3의 신용평가 회사가 본격적으로 신용평가 업계에서 활동을 벌이면서 무디스와 스탠더드 앤드 푸어스가 누려왔던 독과점의 지위가 위협을 받기 시작했다. 즉, 채권을 신규로 발행하는 회사들은 더 이상 무디스나 스탠더드 앤드 푸어스에만 전적으로 의존하지 않고 더 좋은 신용등급을 받기 위해 피치 레이팅스에도 찾아가게 되었다. 이렇다 보니 무디스와 스탠더드 앤드 푸어스가 신규 채권 발행회사들로부터 더 많은 수수료를 얻기 위해서는 신용평가를 후하게 해줘야 하는, 장삿속 이해관계가 생긴 것이다. 이런 구도 속에서 2004년 이후 쏟아져 나온 주택융자 관련 파생상품에 대해선 각 평가사들이 경쟁적으로 후한 신용평가를 줬다는 비판이 나온다. 잘못된 신용평가가 결국 투자자들에게 막대한 손실을 끼쳤고, 이것이 금융위기를 촉발시켰다는 주장이다.

가설 7:
패니메이와 프레디맥이 유동성을 지나치게 제공한 것이 문제였다

미국 내 주택금융의 규모는 2008년 기준으로 약 12조 달러로 추산된다. 이 중 거의 반에 가까운 5조6,000억 달러 정도를, 미국 정부의 간접 보증을 받으면서 사기업으로 운영되고 있는 양대 주택융자 회사인 패니메이와 프레디맥이 차지하고 있다. 간단히 말해 이 양대 주택융자 회사가 존재하지 않으면 미국 내 자본시장은 마비될 정도로 이 회사의 위치는 매우 중요하다.

패니메이는 1938년 미국 내 저소득층의 주택 소유를 권장하기 위해 마련된 법에 의해 설립된 공기업이었다. 1968년 베트남전이 한창일 때 급증하던 예산적자 문제를 조금이나마 해소하기 위해 정부 예산 항목에서 제외되면서 의회에서 미국의 주택융자업계를 공기업 지니메이와 사기업인 패니메이로 나누었다. 이 때 패니메이는 정부의 그늘에서 벗어나 별도로 분리하여 주식회사 형태로 발족했다. 패니메이가 독과점의 위치에 있다는 비난 때문에 1970년에는 패니메이와 경쟁할 수 있는 프레디맥이란 또 다른 주택융자 회사를 의회에서 인준해 주었다. 이 양대 주택융자 회사들은 미국 국민들의 주택 소유를 권장하기 위해 존재하기 때문에 공공의 이익을 주목적으로 운영되는 회사라고 할 수 있다. 이런 이유 때문에 이들 양대 회사는 연방정부의 보호를 받을 수 있도록 특별한 혜택을 누리고 있으며, 그래서 흔히 정부후원기업(GSE: Government-Sponsored Enterprise)이라고도 불린다.

이 주택융자 회사들은 개인 차입자들에게 직접 융자를 해주지는 않는다. 개인에게 주택구입 목적으로 대출을 해 주는 곳은 은행이나 주

택대출 전문회사들이다. 일단 대출이 일어나면 은행이나 대출전문
회사는 그 대출금을 환수하기 위해 주택대출 계약서를 제2의 금융기
관에게 매도하는데, 이때 그 상대가 바로 패니메이나 프레디맥, 또는
이런 업무에 종사하는 주택융자 회사들이다.

주택융자 회사들은 말하자면 규모와 차입 조건이 서로 다른 대출
계약을 종합하여 한 가지의 채권으로 다시 만들어내는데, 이를 '채
권화'(Securitization)라고 부른다. 채권화하는 방법이 고객의 필요에 따
라 수 백 가지로 변형되어 이루어질 수 있기 때문에 이것들을 뭉뚱그
려 '조직화된 상품'(Structured Products)이라고 한다. 이 중 간단한 예
가 바로 주택담보 채권(MBS: Mortgage–Backed Securities)이다. 이를 쉽
게 설명해 보자. 어떤 은행이 어떤 개인에게 20만 달러의 주택 융자
를 금리 5%에 30년 만기로 대출을 해 주었다고 가정하자. 이 은행이
20만 달러 대출계약서를 제2의 금융기관에 매도하려면 많은 어려움
이 따른다. 우선 규모가 작고, 차입자의 경제사정이 잘 알려져 있지
않아 제2의 매입자는 원금 회수가 불투명하다고 생각하기 쉽다. 매
매가 수월하게 성사되지 않는다는 말이다. 그렇다 보니 유동성이 전
무한 경우가 흔히 발생한다. 뿐만 아니라 20만 달러를 대출해준 은
행은 만기가 되는 30년 동안 목돈은 못 만져보고 매달 소액의 월부
금만 받게 된다. 여기서 더 나아가지 못할 경우 주택융자가 이루어지
면 돈이 돌지 않는 상황이 발생하며, 이는 경제 활성화에 전혀 도움
이 되지 못한다. 이런 맹점을 보완한 것이 바로 채권화 작업이다.

앞에서 예로 든 20만 달러 융자 이외에 또 다른 제2의 은행이 30만 달러의 주택융자를 해 주었고 제3의 은행이 50만 달러의 융자를 해 주었다고 가정하자. 이 3개의 은행에서 대출해준 주택대출 계약을 주택융자 회사인 패니메이에서 매입하면 3개 은행은 즉시 목돈이 생겨 다시 새로운 차입자에게 대출을 해줌으로써 주택경기 활성화에 이바지할 수 있게 된다. 즉, 경제성장에 큰 역할을 하게 되는 것이다. 그 반면 페니메이에서는 3개 은행에서 매입한 주택대출금을 모두 합하여 100만 달러짜리 주택담보 채권을 발행하여 이를 각 투자자들에게 판매한다.

채권을 판매하기 전에 반드시 필요한 것이 차입자들이 월부금을 얼마나 성실히 납부할 것인가에 대한 신용평가인데, 이를 전담하는 곳이 바로 무디스나 스탠더드 앤드 푸어스 같은 회사들이다. 만약 이 회사들에서 최상급의 신용 등급인 AAA를 주었다고 하면 은퇴연금 운영회사나 생명 보험회사, 헤지 펀드, 또는 전 세계의 각종 기관투자가들은 차입자들의 파산으로 인해 손해를 볼 확률이 낮기 때문에 쉽게 그 채권을 매입하게 된다. 패니메이에서는 이런 식으로 100만 달러의 대출계약서를 판매하여 발생한 이익금으로 다시 은행들이 일반 개인들에게 대출해 준 계약서를 매입한다. 이런 일련의 과정을 통해 미국 내 주택시장은 활기를 잃지 않고 지속적으로 성장을 구가할 수 있다. 하지만 2004년 이후 금리가 낮은 상태에서 모든 국민들이 너도나도 주택 소유의 꿈을 이루기 위해 주택대출을 신청했고, 이를 충족시켜주기 위해 모든 금융업계가 미친 듯 유동성을 제공했다. 그 중심에서 패니메이와 프레디맥, 그리고 그와 유사한 업무를 담당하는 많은 주택융자 회사들이 지나치게 경쟁적으로 유동성을 풀어놓고 있었던 것이다.

 2007년 융자기준으로 패니메이와 프레디맥이 대출해준 주택융자 대출을 '대출금 대 주택가치 비율'(Loan-to-Value Ratio 또는 LTV Ratio)로 분류해 놓은 자료를 보면 주택융자의 실상이 그대로 드러난다. 무엇보다 중요한 것은 저소득층의 주택구입을 위해 양대 주택융자 회사들이 주택가치의 95% 이상을 융자해 주었으며, '대출금 대 주택가치 비율'이 이렇게 높은 융자가 전체 융자의 23.1%를 차지하고 있다는 사실이다. 특히 패니메이는 전체 대출 중 25.9%를 LTV 비율이 95% 이상인 주택 구매자에게 융자해 줌으로써 그 비율이 19.3%였던 프레디맥보다 업무를 더 위험하게 처리하고 있었다. 이런 융자 행태가 미국 주택시장에 유동성을 제공한 것은 사실이지만 결국엔 그것을 통해 주택시장이 과열 양상을 보였고, 마침내는 금융위기까지 불러왔다는 가설이다.

 이렇듯 주택시장에 유동성을 제공하다 보니 주택융자 회사들의 부채도 증가하지 않을 수 없었다. 예를 들어 다음 도표를 통해 2006년 이후 패니메이의 부채 내역을 보면 첫째, 단기 채무가 장기 채무보다 훨씬 많은 구조에서 단기 차입에 중점을 두고 있다는 점이 확인되고 둘째, 금융위기의 전초전인 2006년에는 2조4,530억 달러라는 대규모의 부채를 보유하고 있었다는 사실이 드러난다. 2006년 이후 금리 상승에 따라 단기 차입에 문제가 발생하면서 단기 채무에서 장기 채무로 바꾸려는 노력을 보여주었지만 역부족이 아닐 수 없었다. 그 결과 연방 정부가 2008년 9월 7일 파산 일보 직전이던 양대 주택융자회사에 구제금융을 지원하는 대가로 차지한 지분이 전체의 79.9%에 이르렀다. 결국 금융위기를 해결하는 과정에 가장 먼저 사기업이 공기업으로 변하는 기록을 남기게 되었다.

표13. 2006년부터 2009년 6월 30일까지 페니메이의 부채 내역

(단위: 1억 달러)

부채 종류	2006년	2007년	2008년	2009년
단기 채무	20,410	15,880	15,590	6,870
장기 채무	1,810	1,940	2,480	1,930
총 채무	24,530	18,210	18,740	8,820

(출처: Table 2 of the Fannie Mae Funding Summary 2006 through June 30, 2009, Fannie http://www.fanniemae.com/markets/debt/pdf/fundingsummary.pdf)

패니메이와 프레디맥의 국유화는 결국 두 회사의 주주들에게 막대한 손실을 끼치게 되었다. 그 와중에 과연 연방 정부가 후원해주는 기업이란 도대체 무엇이며, 또 그에 따른 혜택은 무엇이냐 하는 의문이 제기되었다. 결론적으로 정부의 혜택은 페니메이와 프레디맥이 발행한 주택융자 관련 채무에 관한 보증이었다. 즉 연방정부가 이 두 회사를 없애지 않고 보호대상으로 넘겨받음에 따라 채무자나 채권자

에겐 아무 문제가 발생하지 않았지만 두 회사의 보통주와 우선주를 구매했던 주주들은 주식 가격 폭락으로 큰 손해를 보게 되었다. 결국 미국 주택시장에 40여 년 동안 유동성을 잘 제공해 오던 패니메이와 프레디맥은 단기 차입에 지나치게 의존하다가 결과적으로 급격히 상승하는 단기 금리에 덜미가 잡히고 말았다. 그런 불행한 운명도 서러운데 이 회사들은 미국의 금융위기를 초래한 장본인 중 하나라는 불명예까지 안게 되었다.

가설 8:
감독기관의 능력 부족 및 불찰이 원인이다

미국의 금융업계는 각종 감독기관들이 이중 삼중으로 복잡하게 얽혀 한 개의 금융기관을 입체적으로 감독하도록 되어 있다. 글자 그대로 시어머니가 너무 많아 허튼짓을 하기가 어려울 만큼 감독이 철저하다. 예를 들어 미국에서 은행업을 하려면 연방 정부인 재무부에서 인가를 받거나 해당 지역 주정부의 인가를 받아야 한다. 그러다 보니 금융기관은 인가를 해준 재무부나 주 정부의 감독을 당연히 받게 된다. 거기다 미국 내 상업은행들은 모두 예금보험에 가입하게 되어 있으므로 동시에 예금보험공사의 감독도 받아야 한다. 또한 많은 은행들이 구조적 이익을 누리기 위해 은행지주회사 형태로 되어있기 때문에 지주회사에 대한 감독권이 있는 연방준비은행의 감독도 받아야 한다. 즉, 3개의 감독기관이 감독권을 갖고 있다 보니 미국 내 은행들은 1년에 한두 차례 감독기관의 감사를 받는 것이 예사다.

하지만 감독기관이 그 업무를 제대로 수행하지 않을 경우 도덕적 해이 문제가 심각하게 발생할 수 있다. 예를 들어 2008년 12월 23일자 월스트리트 저널(A3면)을 보자. 저축은행감독국의 캘리포니아 주 책임자인 대런 도차우(Darrel Dochow)는 인디맥 은행이 2008년 5월 9일 모회사로부터 자본금 충당용으로 받은 1,800만 달러를 2008년 3월말에 받은 것처럼 장부를 조작하는 행위를 눈감아줬다. 이렇게 함으로써 1분기 보고서에 인디맥 은행의 자본금 상태가 10%를 초과해 우수한 수준을 유지하고 있는 것처럼 보이게 했다. 만약 실제 수치인 9.98%를 그대로 보고했다면 인디맥은 '자본금이 우수한 수준' 보다 한 단계 낮은 '자본금이 적정한 수준' 이라는 평가를 받음으로써 자본금 부실 상태가 더 일찍 노출될 수 있었을 것이다. 하지만 재무부 관리의 위법한 조치로 인해 자본금 비율 문제가 노출되는 것이 지연됨으로써 그동안 인디맥의 자본금 상태를 좋게 믿은 선의의 피해자가 발생했다.

은행권에 대한 감독의 소홀은 비은행권에서는 조금 다른 형태로 일어났다. 즉 은행들과는 그 성격이 다른 투자은행들은 증권거래위원회의 감독만 받게 되어 있다. 상업은행들은 예금업과 대출업을 겸업할 수 있으나 투자은행은 이 중 하나의 업무 영역에서만 활동할 수 있을 뿐 아니라, 투자은행에서 취급하는 증권 중개업이나 투자 자문업 등은 은행 고유의 업무에 비해 그 역사가 훨씬 짧기 때문에 상업은행에 비해 서자 취급을 받아온 것이 사실이다. 중요도를 사회적으로 널리 인정받지 못했기 때문에 언제나 상업은행의 그늘에서 존재해 왔다고 말할 수 있다. 그 결과 감독 체계가 상업은행에 비해 많이 느슨한 것이 사실이었다.

하지만 20세기에 들어와 자본시장의 발달과 더불어 증권업의 성장은 정말로 괄목할 만했다. 특히 대출 업무와 기업합병 업무는 그 어느 때보다도 급속한 변화를 겪었으며, 고령화되어 가는 국민들의 요구에 따라 투자 자문업 및 자금 관리업 역시 기하급수적으로 성장했다. 이렇다 보니 20세기 후반 들어서부터는 비은행권이 은행에 비해 실질적으로 업무량이 더 증가했고 젊은이들이 선망하는 직장이 되었다. 자연적으로 투자업계 종사자들의 보수도 은행보다 몇 배 내지 몇십 배 더 많아졌고 업무 영역이 확대되면서 은행의 고유 업무와 상충하기 시작했다. 그 결과 미국에서는 1999년 '그램-리치-블라일리법'을 통해 '종합금융'(universal banking) 쪽으로 법체계를 바꾸어 지주회사를 통해 상업은행은 투자업에, 투자은행은 고유 은행업에 참여할 수 있는 문을 열어주게 되었다. 그 결과 씨티뱅크 같은 대형 은행들이 나타나기 시작했고, 금융위기가 발생할 당시에는 이들 대형은행들이 너무 컸기 때문에 절대로 망하게 할 수 없다는 '대마불사'의 모순을 낳는 결과를 유발했다.

한 가지 중요한 점은 이렇게 투자은행들이 규모나 업무 영역 면에

서 괄목할만한 성장을 하고 있는 동안에 감독기관인 증권거래위원회
는 질적으로나 양적으로 별로 성장하지 못했다는 사실이다. 예를 들
어 주택융자를 기초로 만든 '고정비율부채증권'(Constant Proportion
Debt Obligation)이나 '담보부증권'(Collateralized Debt Obligation) 또는 '신
용파산스와프' 등의 신 파생상품들이 물밀듯이 소개될 때, 감독기관
에서는 이런 상품들이 내포하고 있는 위험성을 제대로 파악하지 못
했다. 그 때문에 금융위기가 확산되고 있는데도 증권거래위원회는
투자은행들이 이런 파생상품들을 얼마나 보유하고 있는지, 이들이
도산할 경우 그 파급효과가 얼마나 클 것인지에 대해 전혀 감을 잡지
못하고 있었다. 문제의 내용이나 원인을 파악하지 못하고 있었으니
이해의 깊이에 대해서는 더 말할 필요도 없다. 사정이 이렇다 보니
금융위기가 터졌을 때 증권거래위원회가 제시한 해결책은 하나도 없
었다고 해도 과언이 아니다. 오로지 하락하는 증시를 막아보기 위해
공매도를 잠시 중단시키는 조치를 취한 것 외에는 거의 무시를 당하
는 수모를 겪었다. 결론적으로 금융위기의 중심에 있는 신용평가 회
사와 투자은행을 감독할 권한을 갖고 있는 증권거래위원회가 상황을
판단할 능력을 제대로 갖추지 못한 상태에서 실효 없는 대응책으로
금융위기를 불러왔다는 가설이다.

금융위기 해결책으로 나온 정책들의 허와 실

문제가 생기면 해결책을 찾아야 하는데 이를 위해선 원인을 명확히 분석해야 한다. 원인에 대한 분석이 정확하려면 문제의 진원지를 제대로 찾아내야 하고, 그 진원지의 성격과 특성을 잘 판별해야 한다. 앞 장에서 여러 가지 가설들을 제시하면서 그 진원지를 찾으려고 애를 써보았다. 하지만 이번 미국 금융위기의 근원이 그저 서브프라임 주택대출에 있다고만 판단될 뿐, 정확히 어느 한 개인이나 기관이라고 꼭 집어 말하기가 어렵다. 그만큼 미국 금융위기에는 미국 전반에 걸쳐 너 나 할 것 없이 모든 금융기관과 그 감독기관, 그리고 정부 부처 관료들과 정책 입안자들의 실책과 실수가 뒤범벅되어 있는 것이다. 그런 까닭에 금융위기를 풀어가는 과정에 혼란만 가중되었다. 불이 타오르는 현장에서 어떻게 진화를 해야 할 것인지 고민하여 해결책을 강구하기보다는 타오르는 불에다 급히 물만 들이붓는 형국이었다. 아무리 물을 많이 부어도 불길은 자꾸 번져만 갔고, 이것이 많은 정부 공무원들과 정치인들을 더 당황하게 만들었다. 그 결과 공화당이 대통령 선거에서 참패했고, 사상 처음 흑인 대통령을 선출하는 상황이 벌어지기도 했다. 미국의 금융위기는 자본주의의 부정적인 측면에 제대로 준비하지 못한 미국의 참모습을 전 세계에 적나라하게 보여주었고, 빚더미 위에 홀로 외로이 서 있는 미국의 현실을 고스란히 드러냈다. 누적되기만 하는 무역적자와 이라크와 아프가니스탄에서의 전쟁 수행으로 인한 재정적자, 이 쌍둥이 적자와 더불어 거품으로 부풀어 오른 주택 가격을 믿고 겁 없이 소비만을 즐기며 살던 미국 국민들은 전 세계의 조롱거리로 추락하고 말았다.

이 장에서는 미국 관료들과 정치인들이 금융위기를 벗어나기 위하여 과연 무엇을 했으며, 그들의 정책들이 어떤 파급효과를 가져왔는지를 살펴본다.

정책도 없었고, 그나마 마련한 정책을 집행할 능력도 부족했다

미국 정부 부처는 대형 금융기관들이 파산할 가능성에 대비한 비상대책을 전혀 강구하지 않았다. 그런 탓에 금융위기의 심각성이나 파급효과에 대한 분석이 부적절했고, 적시에 대응하는 것도 불가능했다. 예를 들어 그동안 헨리 폴슨(Henry Paulson) 재무부 장관의 발언을 보면 문제의 성격 및 규모를 제대로 모르고 한 것이 여러 번 언론에 보도되었다. 2008년 2월 27일에는 금융기관에 구제금융을 더 지원해야 하지 않겠느냐는 질문에 "미국 국민들이 더 많은 세금으로 관여할 필요가 없다고 생각한다. 구제라고 부를 수 있는 상황과는 거리가 멀다"고 답했다. 상황이 점점 나빠지고 있던 2008년 5월 6일엔 "지난 3월보다 훨씬 더 나아졌다고 믿어 의심치 않는다. 최악의 상황은 지나갔다"고 장담했다. 이어 7월 20일엔 "은행 시스템이 안전하고 건전하다. 현 상황은 관리 가능한 상황이다"고 말했다.

이렇듯 금융위기가 별로 큰 문제가 아니며 쉽게 해결될 수 있는 상황이라고 주장하던 그가 9월 18일엔 "만약 7,000억 달러 규모의 구제금융안이 의회를 통과하지 못한다면, 하늘이여 우리 모두를 도와주소서!"라는 식으로 돌변했다. 의회가 구제금융안을 조속히 통과시키지 않을 경우 커다란 위험이 닥쳐올 것이라는 암시로 의원들을 협박하고 나선 것이다. 그래도 의회에서는 폴슨 재무장관이 과연 문제를 해결할 수 있겠느냐는 의구심 때문에 9월 30일 표결에 부쳐진 7,000억 달러 규모의 구제금융안을 부결시켰다. 하지만 금융위기의 심각성을 이해한 의원들이 10월 3일 동일한 내용의 구제금융안을 다시 상정해 통과시켰다. '긴급경제안정법' 또는 '문제성 자산 구제안' 또는 '타프'로 알려진 법이 바로 그것이다.

하지만 7,000억 달러라는 대규모 구제금융법안을 통과시키면서도 구체적으로 어떤 식으로 배분해서 최대의 효과를 누릴 것인지에 대해서는 준비가 되지 않아 집행이 6주 이상 지연되었다. 또한 긴급 정부예산을 집행할 때에는 실무진을 구성하는 일에 차질을 빚었을 뿐 아니라, 일반 금융 전문가들이 행정직으로 참여함에 따라 그들의 책임 소재와 급여 등에 관한 세부 사항이 쉽게 결정되지 않아 정책 시행이 그만큼 늦어지는 안타까운 상황이 벌어졌다.

의회를 윽박질러 급히 구제자금은 마련했는데, 막상 집행 단계에 들어가니 전문 인력이 부족하고 그에 따라 긴급히 구제자금을 지원받아야 하는 상황 자체가 초를 다투며 더욱 긴박하게 변하고 있었던 것이다. 다시 말해 환자는 수술비를 마련해 수술대 위에 누워 있는데 의사나 간호사는 부족하고, 병원 측과 의료진이 수술비를 얼마나 받아야 할 것인지를 놓고 실랑이를 벌이는 사이에 환자는 더욱 위독한 상태로 빠져드는 형국이었다. 이번 금융위기는 미국 정부가 얼마나 위기상황에 대처할 준비를 못하고 있었는지 여실히 보여줬다. 또 환부도 제대로 파악하지 못한 채 무조건 긴급 수혈을 하겠다고 서두르는 통에 국민의 불안만 증폭시키고 말았다.

TARP를 집행하는 과정에서도 정책적 실수가 저질러졌다. 재무부에서 법이 처음 의도했던 목적과는 다른 방향으로 자금의 용도를 변경했던 것이다. 처음엔 7,000억 달러로 금융기관들의 부실채권을 사들일 예정이었으나 부실채권의 현재 시장가치를 책정하기 힘들다는 여론에 밀려 금융기관의 우량주를 매입하여 자본금을 투자하는 형태로 정책을 바꾸었다. 이 방법은 결국 금융기관의 원초적 문제인 부실채권의 정리를 지연시켜 신용 회복에 늑장 대응하게 했다.

예를 들어 자산 규모가 100억 달러인 은행이면 자본금이 10%선인 10억 달러가 되어야 한다. 만약 이 은행이 갖고 있는 30억 달러의 부실채권 중에서 10억 달러의 손실이 발생했다면 자본금이 제로가 되므로 이 은행은 부도 처리 되든지 매각 처분을 받게 된다. 이를 방지하려면 정부에서 나머지 자산인 90억 달러의 10%에 해당하는 9억 달러의 자본금을 지원해야 한다. 이렇게 9억 달러에 해당하는 자본금을 지원하더라도 그 은행은 아직도 20억 달러의 부실채권을 안고 있으므로 경영진의 입장에서는 부실채권 정리가 최우선 과제가 될 수밖에 없다. 그렇다 보니 정부에서 목표로 했던 기업대출에 신경을 쓸 여유가 없어 기업이나 소비자 대출이 이루어지지 않을 뿐 아니라, 이에 따른 신용경색이 전반적으로 지속될 수밖에 없다. 이런 이유로 헨리 폴슨 재무장관의 TARP 정책은 그 실효를 제대로 발휘하지 못한 정책이라는 비난을 받았다.

반면 만약 정부에서 30억 달러에 해당하는 부실채권을 9억 달러에 구입했다면 그 은행은 이제 견실한 자산 70억 달러에다 자본금 19억 달러(원래 보유 자본금 10억 달러 + 부실채권매각기금 9억 달러)를 가진 기관으로 다시 대출 영업에 전념할 수 있게 된다. 정부의 입장에서 보면 양쪽 상황에 모두 동일한 9억 달러의 지원금을 지출했지만, 그 파급효과 면에서는 부실채권을 구입하는 것이 더 빠른 시일 안에 금융기관의 운영을 정상화시키는 방법이다. 물론 지원금 회수의 측면에서는 차이가 있다. 즉 우선주 매입을 통해 자본금을 지원한 경우 상대적으로 시장 금리에 준하는 이자 수입과 금융기관이 정상화되면서 높은 가격에 우선주를 매각하여 높은 이익을 얻을 수 있다. 하지만 부실채권 구매의 경우에도 싼값에 채권을 구매했기에 경기회복에 따라 소비자 신뢰도가 상승하고 불안했던 채권시장이 안정세를 찾아 제 궤도에 오르게 되면 매입 금액보다 더 높은 가격에 매각하여 이익을 볼 수도 있다. 특히 정부의 구제금융 지원이 영리를 최우선 목적으로 하는 것이 아니라면 부실채권 구매가 더 효과적이라 할 수 있는데, 미국 재무부는 이와 상반되는 정책을 폄으로써 금융시장의 회복을 더디게 만들었다. 뿐만 아니라 예산을 신청할 때의 목적과 상치되는 행정부의 자금 집행을 묵인해야 하는 의회의 딱한 입장과 일관성 없는 정책이 펼쳐지는 가운데 위기를 탈출해야 하는 각 금융기관의 CEO들을 보면서 미국 국민들은 더욱 심한 혼란과 불안을 느껴야 했다.

여기서 미국 행정부가 얼마나 많은 실수를 거듭했는지를 조금 더 구체적으로 살펴보자.

실수 하나: 리먼 브러더스의 파산 방치

미국 행정부가 매일같이 나타나는 도산 직전의 금융회사들을 정리하느라 눈코 뜰 새 없이 분주하게 뛴 것은 사실이다. 우선 2008년 3월 16일에 있었던 JP 모건 체이스와 투자은행 베어스턴스의 합병을 시작으로 크고 작은 은행들의 파산을 지켜봐야 했다. 그해 9월 6일 양대 주택융자 회사인 패니메이와 프레디맥을 보호대상으로 지정하는 작업이 있었고, 9월 14일엔 뱅크 오브 아메리카와 투자은행이던 메릴린치가 합병한다는 발표가 나왔다. 하지만 재무부의 최대 실책으로 지적되고 있는 9월 15일 리먼 브러더스의 파산 신청은 금융업계의 최대 뉴스로 떠올랐으며, 아무도 예상하지 못한 파장을 몰고 왔다. 즉 리먼 브러더스의 파산은 머니마켓시장을 교란하면서 미국 뿐 아니라 전 세계 단기자본 시장을 한동안 마비시켰다. 그 당시 미국에서는 예금주들이 돈을 경쟁적으로 인출하는 사태가 발생했다. 유럽에서는 유럽중앙은행이 초단기 1일 대출용 자금으로 300억 유로(약 424억 달러)를 풀지 않을 수 없었다.

투자은행을 일반은행과 합병하도록 종용했던 재무부의 전례에 비춰볼 때 리먼 브러더스를 다른 금융기관과 합병하도록 정부가 적극 지원하지 않은 것은 큰 실수이다. 헨리 폴슨 당시 재무부 장관이 개인적으로 리먼 브러더스를 증오하여 이 회사를 파산시켰다는 소문이 자자했지만, 그런 사적인 이유를 떠나서 리먼 브러더스가 파산할 경우 그에 따른 파급효과를 구체적으로 파악하지 못한 것은 재무부가 짊어져야 할 책임으로 남게 되었다.

JP 모건 체이스가 베어스턴스를 인수할 때는 290억 달러의 손실충당금을 약속하고 AIG에는 750억 달러를 조건 없이 지원한 반면, 리먼 브러더스가 파산을 신청하도록 묵인한 것은 정책에 투명성이 없다는 허점을 노출시켰다. 그에 따라 투자자들의 불안 심리를 증폭시켰다는 책임도 피하기 어려웠다.

표14. 폭락한 AIG주가 (단위: 센트, 기간: 2006년 9월 18일~2009년 9월 11일)

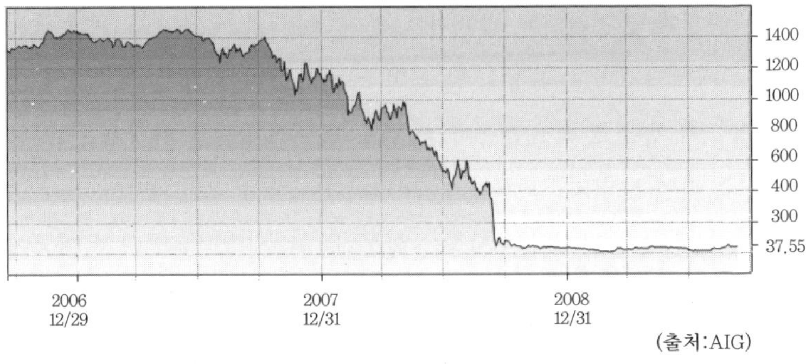

(출처:AIG)

실수 둘: AIG에 대한 과잉보호

리먼 브러더스가 파산을 신청하고 하루가 지난 9월 16일 연방준비
은행에서는 세계적 보험회사인 AIG에 구제금융으로 850억 달러를
지원한다고 발표했다. 리먼 브러더스에 이어 AIG마저 흔들린다는
소식에 미국 및 유럽의 중요 금융기관들이 대출을 중단함에 따라 금
융시장이 완전 마비 일보 직전까지 가기에 이르렀다. 이런 급박한 상
황을 해결하기 위해 유럽중앙은행에서는 9월 15일에 이어 16일에도
'초단기 1일 대출용 자금' 으로 700억 유로(약 990억 달러)를 추가로 풀
었고, 영국은행에서는 '2일 대출용 자금' 으로 200억 파운드(약 357억
달러)를 추가로 풀었다. 여기에 미국 연방준비은행이 푼 자금까지 합
치면 이틀 새 2조7,000억 달러에 해당하는 돈이 유럽과 미국의 금융
시장에 쏟아지는 상황이었다. 이렇게 막대한 자금이 시중에 풀렸지

만 좀처럼 투자자들의 발길을 위험 자산으로 돌리도록 만들지는 못했다. 여전히 금, 은 등 상품과 미국 재무부 단기부채 등 안전한 자산에만 돈이 몰렸다. 금값은 하루 만에 온스 당 70달러나 올랐고, 미국 재무부 단기 국채인 티빌 금리는 장중 한때 0%까지 떨어졌다. 이런 희귀한 현상을 기억하기 위해 월스트리트 저널은 2008년 9월 17일을 '신용시장의 검은 수요일'(Black Wednesday for the Credit Markets)이라고 이름 붙였다.

 2008년 9월부터 11월 사이에 1,500억 달러가 넘는 구제금융이 지속적으로 지원되었음에도 불구하고, AIG는 전혀 안정세를 보이지 못했다. 2009년 중반까지도 제 궤도에 오르지 못하고 추락을 거듭했다. 2007년 6월까지만 하더라도 주당 70달러를 넘었던 AIG의 주가는 2009년 3월 주당 35센트까지 떨어졌다. 소위 '싸구려 주식'(penny stock) 신세로 전락한 것이다. 재무부와 연방준비은행의 구제금융이 있고 2년여의 시간이 흘렀지만 AIG는 여전히 '정상화를 위한 노력을 진행 중'이다. 이를 감안할 때 AIG에 막대한 규모의 구제금융을 지원하기로 한 재무부의 결정이 과연 옳았는지 의문이 제기되지 않을 수 없다. 재무부가 AIG 관련 손실이 최대 얼마일지 전혀 감을 잡지 못하고 있었을 뿐 아니라 리먼 브러더스의 파급효과에 놀란 나머지 비슷한 상황이 재발하지 않도록 막기 위해 무턱대고 AIG에 자금을 지원하기로 결정했다는 비난을 면할 수가 없다.

실수 셋: 패니메이와 프레디맥에 대한 보호감찰

패니메이와 프레디맥이 2009년 9월 7일 연방 정부의 보호감찰 대상으로 들어가면서, 그 기관들의 활동이 새롭게 구성된 연방 정부 기구인 연방주택금융국(FHFA)의 감시와 감독을 받게 되었다. 그 전에는 연방주택기업감독국(OFHEO: Office of Federal Housing Enterprise Oversight)과 연방주택금융위원회(FHFB: Federal Housing Finance Board), 그리고 주택 및 도시개발부(HUD: Department of Housing and Urban Development)의 감독을 따로따로 받아야 하는 비효율성이 있었는데, 새로운 기구가 생기면서 그런 문제는 없어졌다.

하지만 이 신생 기구의 중요한 목적이 패니메이와 프레디맥 같은 정부후원기업들의 금융위기를 해결하는 것이기 때문에 이들 기관의 정상화가 우선이지 이들 기관의 지속적인 역할 유지가 우선은 아니었다. 즉 미국 주택경기를 회생시키기 위해서는 패니메이와 프레디맥이 은행으로부터 주택융자 채권을 적극적으로 매입하여 은행들이 새롭게 융자를 할 수 있도록 유동성을 제공해야 한다. 하지만 새로운 기구의 감독을 받는 상황에서 두 주택융자 회사들은 (1)자체 재정상태가 불안하여 적극적으로 주택채권을 매입하는 것이 불가능하고 (2)서브프라임 대출은 기피하고 우량 대출도 까다로운 조건으로 조심스레 매입하는 입장이며 (3)채권을 발행할 때 정부의 보증 여부가 문제시되어 차입 금리에 대한 '위험 프리미엄'이 높아졌고 (4)기존의 은행이나 기타 금융기관들이 경쟁적으로 자금을 조달하는 상황에서 채권발행 이자가 높을 수밖에 없다.

이렇다 보니 2007년 중순까지만 하더라도 패니메이와 프레디맥이 발행하는 2년 만기 채권의 이자율은 2년 만기 재무부 채권보다 0.29%포인트 정도 높았으나, 2008년 9월초엔 0.93%포인트가 높았고 11월 들어서는 1.50%포인트나 높은 상황이 벌어졌다. 즉 패니메이와 프레디맥에서 발행하는 채권의 이자율이 높다 보니 30년 고정금리 주택융자 이자율이 6%에서 6.75% 사이를 기록하면서 예년에 비해 오히려 상승했다. 이런 상황에서 주택융자 금리의 하락은 기대하기 힘들어졌고 미국 내 주택시장의 회생이 짧은 시간 안에 이루어질 수 없겠다는 불안감이 팽배해졌다.

또한 '차압'을 통해 인수된 주택의 매매가 주택융자 시장의 상황을 잘 아는 패니메이와 프레디맥 직원들의 결정에 의해 이루어지는 것이 아니라, 이들의 결정을 언제든지 뒤바꿀 수 있는 연방주택금융국 공무원들에 의해 이뤄진다는 것이 문제로 지적되었다. 이런 상황은 현실을 잘 알고 있는 패니메이와 프레디맥 직원들의 활동 영역을 제한하고 있어 전반적으로 일의 능률을 저하시키는 결과를 초래했다는 비난을 받았다.

실수 넷: 씨티뱅크의 구제는 '대마불사'의 현실화?

2008년 11월 23일 미국 재무부는 예금보험공사가 씨티그룹(Citi-group)에 대해 보증을 서는 3,020억 달러 규모의 대형 구제금융안을 발표했다. 그 조건이 과히 파격적이었다. 처음 발생하는 290억 달러 상당의 손실은 씨티뱅크가 감수하지만 나머지 손실분에 대해서는 정부가 90%를 책임진다는 조건이었다. 이런 보증에 대한 대가로 씨티뱅크는 재무부에 40억 달러, 예금보험공사에 30억 달러 규모의 우선주를 각각 발행해 주게 되어 있었다. 우선주의 금리는 연 8%로 그 당시 금융위기의 심각성에 비춰볼 때 파격적으로 낮은 금리였다.

　이렇게 좋은 조건으로 씨티뱅크를 구조해 준 배경에는 씨티뱅크라는 세계적 금융기관이 파산을 할 경우 전 세계로 퍼져나갈 부정적 효과가 엄청날 것이라는 우려가 작용했다. 하지만 씨티뱅크가 미국 내에서 차지하는 비중이 그리 크지 않았다는 사실에 비추어 볼 때 세계적 파급효과에 지나치게 신경을 쓴 나머지 미국 국민의 혈세로 구제금융을 지나치게 많이 지원했다는 비난을 들었다. 무엇보다 큰 비난의 소지는 대마불사라는 도덕적 해이 현상에 종지부를 찍지 못하고 앞으로도 그럴 여지를 그대로 남겨놓았다는 점이다. 즉 큰 기관일수록 파산 효과가 더 크기 때문에 정부에서 결코 망하게 내버려 두지 않는다는 신화를 현실로 굳혀주었다는 비난이다.

**실수 다섯: 연방준비은행과 재무부, 예금보험공사의
역할 분담 및 통제 기능 부재**
연방준비은행에서 구제금융을 지원할 경우에는 각 금융기관으로부터 채권을 매입하게 된다. 그 매입 자금이 금융기관을 통해 시중에 풀리는 것이다. 반면에 재무부에서 구제금융을 지원할 경우에는 의회의 승인과 대통령의 인가를 통해서만 가능하다. 그렇다 보니 재무부 정책은 (1)법안이 의회를 통과해야 하는 절차 때문에 시간이 더 걸리고 (2)법안 인준 후 세부 집행안이 마련되고 그에 대한 찬반 여론이 수렴되는 과정에 그 내용이 처음 구상했던 것과 상반되는 쪽으로 흐르는 상황이 생겨 시장의 혼란을 초래할 수 있다. 바로 TARP가 그 좋은 예인데, 초창기엔 부실채권을 인수하는 비용으로 사용될 예정이었으나 반대 여론에 밀려 결국엔 금융기관의 우선주 매입을 통해 자본금을 지원하는 예산으로 변환했다. 이 과정에 의회만 아니라 금융계가 보인 혼란이 시장 자금의 유동성을 증가시키는 데 단기적 효력을 발휘하기는커녕 오히려 부정적 요인으로 작용했다.

또한 예금보험공사의 역할은 은행들의 파산을 방지하고 부득이 파산을 해야 하는 상황에서는 그 정리를 적절히 하는 것이다. 그렇기 때문에 이 공사의 임무는 무조건적인 구제금융보다는 효율적 정리를 통한 자본시장의 안정화를 꾀하는 것이다. 이렇다 보니 연방준비은행과 재무부, 그리고 예금보험공사가 금융기관을 구조하고 지원한다는 똑같은 목적을 갖고 있다 하더라도 별도의 정책 도구로 문제를 해결해야 하기 때문에 부처 간 이해가 상충되는 상황이 벌어지기도 한다.

예를 들어 10월 15일 예금보험공사의 수장인 쉴라 베어(Sheila Bair)

는 기자회견을 통해 연방준비은행과 재무부가 7,000억 달러 규모의 구제금융을 통해 은행을 지원하는 데 초점을 맞추는 것을 비판하면서 은행보다는 주택 소유자들을 보호하는 데 먼저 지원되어야 한다는 의견을 제시했다. 이렇게 관계 기관 사이에 금융위기의 해결 방안을 놓고 엇박자가 들리자 다우지수가 전날에 비해 7.9%(733포인트)나 하락하여 8,578에 마감되었다. 이 수치는 21년 만에 처음 경험하는 일일 최대 낙폭이었다. 베어가 그런 주장을 한 배경에는 예금보험공사가 도산한 인디맥 은행의 주택 모기지를 잘 정리한 경험도 있지만, 무엇보다 예금보험공사가 일을 잘하고 있다는 점을 과시하여 국민들로부터 더 많은 지지를 받으려는 정치적 욕심이 깔려 있다. 즉 행정부의 관리들도 자신이 속한 기관의 이익을 앞세우는 데는 결코 게으르지 않은 것이 현실이다.

　재무부가 금융권에 대한 효율적 감독을 위해 단 하나의 감독기관을 설립하는 아이디어를 내놓았을 때에도 이런 부처 이기주의가 나타났다. 예금보험공사에서도 그 안에 찬성하지 않았고, 지나친 책임 부담을 원하지 않던 연방준비은행에서도 겉으로 반대 의견을 표시함으로써 단일 감독기관의 신설을 둘러싼 논의가 불투명하게 됐다.

문제 해결에도 부작용이 따른다

　금융위기의 심각성 때문에 위기 해결에만 초점을 맞추다 보니 예상하지 못한 부작용들이 속출했다. 그에 따라 선의의 피해자들이 무더기로 나오고 그들의 고충이 묵살되는 경우가 흔했다. 이제는 이런 예상하지 못했던 여러 형태의 크고 작은 부작용을 검토하고자 한다.

국민들은 뒷전이었다

국민이나 주정부 자치단체장들은 구제금융 지원에 대한 불만과 반대 의견을 강력히 표출했다. 근본적인 이유는 성실히 규정대로 재정을 운영한 개인이나 기업, 지방자치단체가 부실 경영이나 무책임하고 방만한 경영을 한 개인이나 기업 또는 지방자치단체를 도와주는 꼴이 되고 있다는 사실 때문이다. 즉 건전한 사람은 피해를 보고 불건전한 사람이나 기업이 오히려 혜택을 보는 사례를 남긴 데 대한 불만이다. 그러기에 의회에서는 금융가인 월가(Wall Street)가 아니라 '평민' 들이 살고 있는 민가(民街: Main Street)를 위한 정책을 펴라고 재무부에 요구하기에 이르렀다. 그 때문에 폴슨 재무장관은 처음에 시도했던 불량채권 매입 정책을 포기하고 우선주 매입을 통해 자본금을 지원하는 쪽으로 정책을 바꿔야 했다.

대형 금융기관을 구제하기 위한 정책이
소형 금융기관을 힘들게 만들었다

예금보험공사가 계좌당 10만 달러로 되어 있던 예금보험액을 2009년 12월 31일까지 한시적으로 25만 달러로 인상함으로써 중소 규모의 금융기관들 중에 건실한 기관이 선의의 피해를 보았다. 그 이유는 FDIC가 예금보험액을 높임에 따라 건실한 은행에서 건실하지 않은 은행으로 예금이 유출됨으로써 부실한 은행을 도와준 꼴이 되었기 때문이다. 부실한 은행에서 예금을 유치하기 위해 고금리를 약속하고, 예금자들도 인상된 FDIC의 예금보험액을 믿고 고금리를 쫓아 25만 달러까지는 안심하고 부실한 은행으로 옮길 것이기 때문이다.

또 인상된 예금보험액 때문에 중소 금융기관들은 보험료를 추가로 부담하는 불이익을 당해야 했다. 이는 마치 본인은 교통사고를 한 번도 내지 않았는데도 다른 사람들이 교통사고를 자주 내는 탓에 자동차 보험료가 모든 사람들에게 똑같이 인상되는 것과 같은 이치다. 결국 아무 잘못을 안 한 사람이 잘못한 사람을 지원해 줌으로써 더욱 잘못될 가능성을 키워간다는 차원에서 많은 중소 금융기관들의 비난을 받았다. 또한 25만 달러까지의 예금보험에 시간적 제한을 둠으로써 그 다음에 대한 불안감을 완전 해소하지 못하고 있다는 점 역시 문제로 지적되었다. 결국 예금보험액 인상은 건실한 은행에는 벌을 주고 오히려 부실한 은행에는 도움을 주었다는 비난이다.

실행에 옮길 준비가 안 된 정책이 많았다

2008년 11월 24일 골드만삭스가 최초로 발행한 '재무부 보증 사기업 채권'에 대한 세부적인 사항은 10월 14일 '잠정유동성보증프로그램'이 통과되고 5주가 지난 11월 21일에야 확정되었다. 즉, 법안을 제정할 당시 세부 사항에 대한 검토가 사전에 이루어지지 않고 법안부터 통과시킨 후 나중에 세부 사항을 추스르는 졸속 행정이 너무 흔했다. 그렇다 보니 일관성 없는 정책과 규제 때문에 해당 금융기관들이 곤란을 겪는 경우가 자주 있었다.

또 다른 예는 뱅크 오브 아메리카가 메릴린치를 합병할 당시 보너스에 관한 조항을 삽입했다가 그것이 여론화되어 문제가 되자 의회와 재무부가 서로 책임을 전가하는 행태를 보였다. 이는 미국 지도층이 이번 금융위기에 얼마나 무책임하게 처신했는지를 보여주는 단면이다.

감독기관들이 이중성을 보였다

금융기관들의 생존이 불투명한 상황에서 은행 감독기관인 재무부 내 화폐조정국과 저축은행국, 그리고 예금보험공사에서는 은행들의 추가 파산을 막기 위해 2008년 6월 이후 은행들에 대한 감사를 강화했다. 구체적으로 보면 11월 화폐조정국에서 공개한 21건의 '경고' 중 85%인 18건이 6월 이후 내려진 것이었고, 저축은행국에서 공개한 34건의 경고 중 67%에 해당하는 23건이 6월 이후 내려진 것이었다. 뿐만 아니라 예금보험공사에서 작성한 그 해 '문제은행목록'에는 2007년 65개 은행보다 훨씬 많은 171개 은행이 올라 있다. 이로 인해 예상되는 손실액이 176억 달러임을 감안할 때 예금보험공사가 이들 은행에 대한 감사를 더 강화하는 것은 당연한 일이라고 생각할 수 있다.

　문제는 그 와중에 선의의 피해자가 발생할 수 있다는 점이다. 예를 들어 11월 28일자 월스트리트 저널(C14면)은 플로리다 주의 한 건설업자가 예금보험공사에 인수된 은행으로부터 융자금을 조기에 상환할 것을 요구받은 관계로 건설 중이던 건물을 완공하지 못한 사례를 소개하고 있다. 이로써 주택경기를 부양하겠다고 각종 구제금융을 대형 금융기관에 제공한 정책이 오히려 경기부양 및 신용 유동성 제고에 제동을 거는 결과를 낳았다는 비난을 들었다.

　또한 나날이 악화되어 가는 금융기관들의 파산을 방지하고, 그렇게 함으로써 FDIC가 보유하고 있는 보험기금의 감소를 막기 위해 회원 금융기관들에게 더 많은 자본금을 보유할 것을 내부적으로 요구하면서도 겉으로는 대출을 줄이지 말라고 권하는 이중성도 문제였다. 평소엔 자본금 비율이 10% 이상이면 족했지만 위기 상태에서는 12%를 유지하라고 추천한 것은 결국 대출보다는 은행의 안전성이 우선이며, 또 위험한 대출의 확대로 FDIC의 보험기금이 고갈되는 상황을 원하지 않았기 때문이다.

　또 다른 예로는 2001년부터 금리인하 정책을 폈던 연방준비은행에서 낮은 이자율 때문에 대출이 증가한다는 것을 잘 알고 있었으면서도 각 시중은행들에겐 대출을 절제하라고 추천했다. 이는 저금리가 악영향을 미칠 가능성을 알면서도 저금리 기조를 유지한 연방준비은행이 자신의 책임을 은행들에게 전가시킨 예라고 하겠다.

이런 일련의 상황을 종합해 볼 때 감독기관에서는 내부적으론 대출을 줄이라고 권하면서도 외부적으론 더 많은 융자를 하라고 종용하는 이중성을 보였다.

정부의 구제금융이 시장경쟁을 변질시켰다

2008년 10월 24일 PNC 금융서비스 그룹은 재무부가 TARP로 지원한 77억 달러의 구제금융을 받아 그 자금으로 내셔널 씨티뱅크를 장부가격보다 약 70억 달러 싼 50억8,000만 달러(주당 2.25달러)에 매입할 수 있었다. 이처럼 정부가 지원한 자금으로 다른 금융기관을 매입하도록 한 것은 건전한 은행이 매입할 수 있는 기회를 박탈하여 건전한 은행들에게 피해를 주는 것이다. 이를 가리켜 2008년 10월 25일자 월스트리트 저널은 '선물'(gift)이란 표현을 썼다. 어느 특정 금융기관이 파산하여 발생하는 문제가 더 큰지, 아니면 이런 식으로 시장의 경쟁체제를 변질시켜 가면서까지 조용히 흡수합병을 하도록 하는 것이 더 좋은지는 판단하기 어렵다. 하지만 정부의 그런 행동이 시장경제를 기초로 한 미국 경제정책과는 상반되는 불합리성과 부조리를 보여준 것은 확실하다.

정부는 간접비용을 증가시켜 주택시장을 둔화시켰다

저소득층의 주택 매입을 지원하는 것을 주요 목적으로 설립된 연방주택청(FHA)은 저소득층에게 주택융자를 해준 금융기관에게 손해보험을 제공하는 역할도 한다. 즉, 저소득층이 파산하여 주택융자금을 상환하지 못할 경우에는 대출해준 금융기관에 나머지 잔액을 지불해 주는 보험을 운영하는데 2008년 9월 30일 기준으로 전년 대비 손해 배상보험 기금 잔액이 39%나 준 129억 달러에 지나지 않았다. 이는 전체 주택보험액의 3%에 해당하는 금액으로 법적 최소 비율인 2%보다는 높지만 2007년 비율인 6.4%에 비하면 크게 낮은 비율이다. 손해배상보험 기금이 크게 떨어진 이유는 그동안 주택 차압에 따라 보험금 지급이 증가했기 때문이며, 또한 패니메이와 프레디맥의 주택융자 활동이 감소하면서 FHA의 보험 가입자가 증가했기 때문이기도 하다.

예를 들어 2007년 한 해 동안 총 신규 주택융자의 3%만 FHA 보험에 가입했으나 2008년에는 26%가 그 보험에 가입했다. 이런 속도로 보험 가입자가 급증하면 그만큼 파산 가능성도 높아지고 그에 따라 손해배상보험기금 잔액의 적정 여부가 문제될 수 있다. 일반적으로 주택대출에 따른 파산이 발생하면 FHA의 손해배상보험기금에서 그 손실액을 충당하고 손해배상보험기금이 바닥 날 경우 미국 의회에서 예산 지출을 통해 나머지 초과 손실에 대해 책임을 진다. 이런 현실 때문에 의회에서는 FHA의 손해배상보험기금이 최소한 전체 보험 가입액의 2%를 잔액으로 유지할 것을 요구하며, 가능하면 그 수준보다 더 많은 손해배상보험기금을 보유하도록 무언의 압력을 넣는다.

그 결과 FHA는 2008년 10월 1일부로 주택보험료를 1.5%에서

1.75%로 인상해 주택 구입자들의 부담을 증가시켰다. 또한 2009년 부터는 주택을 구입할 때 최소 계약금의 비율을 종전의 3%에서 3.5%로 인상했다. 주택매매 경기를 부양하여 경기증진을 추구해야 할 상황에서 정부가 취한 이런 일련의 조치는 오히려 주택매매 열기를 냉각시키는 역효과를 불러왔다. 결국 정책입안자들은 주택매매 열기를 북돋우려는 정책을 고안해 내고 있었지만 막상 실무진들은 본인들이 맡은 임무에 충실하다가 오히려 주택구입 열기를 냉각시키는 상반된 행동을 하고 있었다.

또 패니메이와 프레디맥의 활동이 둔화되면서 FHA는 업무량의 폭주에 시달려야만 했다. 금융위기가 한창 무르익던 2008년의 업무량이 2007년에 비해 4배 이상 증가했다. 그 결과 융자서류 심사에 대한 감독 소홀이 문제가 되었다. 2008년 12월 26일자 월스트리트 저널(A5면) 기사에 의하면, 미국 전역에 걸쳐 주택대출보험신청을 접수하고 인가해 주는 4개의 FHA 사무실 중 필라델피아 사무실의 경우 2007년엔 신청이 1만2,250건이었으나 2008년 들어서는 4만 건으로 증가했다. 또한 10년이 넘은 낙후된 컴퓨터로 신청서류 한 건당 약 150~200 쪽에 달하는 업무량을 감당해야 하는 마당에 주택대출보험에 대한 심사가 제대로 진행될 수 있을까 하는 의문이 제기되었다. 그리고 주택융자를 신청하는 사람들에 대한 개인 신용점수를 점검하지 않는 현행 FHA의 업무 행태가 결국은 대출 부적격자에게 대출을 해 주게 함으로써 파산을 양산하여 주택대출 손해배상보험기금을 고갈시킬 수 있다는 우려를 전했다.

한국과 일본의 경험을 애써 외면하는 실수를 저질렀다

미국의 정책입안자들은 이번 금융위기를 해결하는 데 일본이나 한국 또는 다른 나라들의 금융위기 돌파 경험을 참고하지 않고 무시함으로써 더 큰 곤경에 빠져들었다. 이는 미국의 자존심 때문이었다. 하지만 이 자존심이 결국 미국 정부가 금융위기를 해결하는 데 시간과 에너지를 불필요하게 낭비하도록 만들었으며, 그만큼 미국 국민들의 고통만 더 키웠다.

미국은 일본이 1990년대 이후 근 20년간 겪고 있는 경기침체를 지나치게 의식한 나머지 그 전철을 밟지 않으려고 일본이 실시했던 정책 노선은 일부러 쳐다보지도 않고 독자적으로 해결 방안을 찾으려 노력했다. 예를 들어 미국 관리들은 일본이 부실채권을 가졌던 금융기관의 합병을 독려하여 건실했던 금융기관마저 약화시켰으며, 문제가 있던 금융기관을 조속히 정리하지 않고 공적자금을 지원함으로써 재정상태의 회복을 지연시켰다고 믿었다. 이 때문에 이들은 미국의 금융위기를 조속히 해결하기 위해서는 부실기관을 될 수 있으면 빨리 정리해야 한다고 생각했다. 그 결과 베어스턴스 매각이나 리먼 브러더스 파산 등의 결정을 너무 서두른 느낌을 주었다.

또한 일본이 금융기관의 구조조정에 늑장 대응했다는 비난을 받긴 했지만 그런 과정을 통해서 금융시장의 요동을 방지했다는 장점을 미국 관리들은 미처 생각하지 못했다. 즉 금융기관의 줄도산은 고객들의 무더기 예금인출 사태를 통한 금융시장의 교란과 금융 전문가들의 대규모 실업으로 이어질 수 있기에 그에 따른 사회적 기회비용이 지대하다는 점을 계산하지 못했다고 할 수 있다. 그 결과 리먼과 같은 금융기관의 파산에 따를 파급효과를 제대로 파악하지 못하는 실수를 저질렀다고 할 수 있다.

2008년 9월 27일자 월스트리트 저널(A1면)에 따르면, 리먼의 파산은 리저브 펀드(Reserve Fund)를 '1달러 이하' 상황에 빠뜨림으로써 기업어음을 급매해야 했고, 기업어음 급매는 이자율을 인상시켜 사채시장에서 자금을 조달하던 많은 기업에게 악영향을 주었다. 또 리먼의 파산은 '신용부도 스와프 프리미엄'을 폭등시킴으로써 리보 금리가 2%에서 6%로 동반 폭등하는 사태를 유발시켰고, 신용부도 스와프를 판매한 AIG의 대차대조표를 더욱 악화시켜 결국 AIG의 재무구조를 부실하게 만들었다.

만약 미국 정부가 1997년에 IMF 금융위기를 잘 해결한 한국의 예를 교훈으로 삼았다면 큰 혼란 없이 일사분란하게 해결책을 강구하고 집행했을 것이다. 우선주를 매입하지 않고 공적자금으로 부실채권을 매입하여 경제가 안정되면 다시 매도하여 이익을 남기는 방법이 바로 금융시장에 최단기에 최대의 유동성을 제공한 한국의 노하우였다. 하지만 이런 한국의 경험은 미국 관리들의 뇌리에 없었다.

공매도 금지가 해결책은 아니다

하락하는 증시에 제동을 걸 수 있는 방법이 여럿 있다. 그 중 제일 흔하게 거론되는 것이 공매도 금지이다. 공매도에 대해 금지 조치를 내릴 권한은 증권거래위원회에 있다. 그 권한에 따라 증권거래위원회는 급락 장세였던 2008년 9월 19일부터 10월 8일까지 13일간 특정 금융주식에 대하여 공매도를 금지했다. 하지만 이 기간에 집행된 공매도 금지조치의 효과를 다우존스 주가 지수와 금융주식들의 가격 변동을 통해 분석해 볼 때, 다우존스 주가지수가 19% 하락하고 금융주식들이 26% 하락함으로써 긍정적 효과가 별로 없었던 것으로 드러난다.

또한 공매도 금지조치의 파급효과를 제대로 파악하지 못한 가운데 실시되었기 때문에 순수한 헤지 거래자들의 원성이 아주 높았다. 그 결과 공매도 금지 조치가 내려진지 3일 만에 수정안을 내놓기도 했다. 뿐만 아니라 신용파산 스와프를 규제 대상에서 제외함으로써 하락 장세에서 주식 거래자들만 희생시킨 부당한 처사라는 반발도 나왔다. 또한 헤지 펀드에게 매주 '공매도 포지션'(공매도 보유상태)을 보고하게 하여 그 자료를 다음날 공표하겠다던 계획을 취소하고 2주 후에 공표하는 쪽으로 정책을 변경했다. 그 이유로는 여러 가지가 꼽힌다. 우선 공매도 자료 자체로는 누가 헤징을 하는지 아니면 투기를 하는지 몰라 일반 투자자들에겐 오히려 혼동을 더 일으킬 뿐이라는 우려다. 또 매입 포지션을 분기별로 보고를 받아 45일의 유예기간을

거친 뒤 공표하는 기존 안에 비해, 공매도 자료를 매주 보고하도록
한 뒤 2주 후에 공표하겠다는 계획은 개인 거래 정보 및 전략의 비밀
을 보호하는 차원에서 불평등한 처사라는 비난도 있었다.

이 뿐 아니다. 전환사채 시장 거래자들은 전환사채를 살 때 미리 주
식으로 전환할 경우 판매할 수 있는 주식의 수를 계산하여 그 만큼
공매도를 함으로써 헤지를 한다. 헌데 공매도 금지로 전환사채 시장
이 위축되어 금융기업들의 자금조달이 더 어려워진 것이다. 또 40여
개의 '약세장 전문 펀드'(Bear-Market Funds)에서는 공매도 금지에 따
라 신규 자금을 유치할 수 없게 돼 운영에 막대한 지장이 생겼다. 이
처럼 공매도 금지로 일어날 수 있는 여러 불공평한 거래 양상을 사전
에 파악하지 못하고 여론에 밀려 급락 장세만 막아보겠다는 생각에
서 졸속 조치를 내림으로써 오히려 자본시장의 효율성을 저해했다는
비난을 받았다.

정부의 보호감찰 대상으로 선정하는 것이 능사는 아니다

패니메이와 프레디맥은 미국의 주택경기를 활성화하기 위해 연방
정부가 후원하는 기관으로, 이들의 영업은 정부의 감독을 받으며 또
암묵적으로 정부의 보증을 받는 것으로 알려져 있었다. 하지만 이번
금융위기를 통해 이들 양대 정부후원기관이 정부의 보호를 어느 정
도 받느냐를 놓고 많은 논란이 있었다. 결국 정부는 이 기관들이 발
행한 채권에 대한 보증은 인정하면서도 영리 목적으로 발행한 보통

주와 우선주에 대해서는 전혀 보증을 하지 않는 것으로 판별이 났다.

하지만 위기가 발생하기 전까지는 이런 자세한 내용을 몰랐기에 많은 소규모 은행들이 상대적으로 안전하다고 생각한 패니메이와 프레디맥의 우선주를 다량 구입하여 보유하고 있었다. 하지만 연방 정부가 패니메이와 프레디맥을 보호감찰 대상으로 접수하면서 두 기관의 우선주에 투자했던, 자산 규모 10억 달러 미만의 소규모 지방은행 8,500여 개 중 27%에 해당하는 약 2,300개의 은행들이 총 100억 달러에서 150억 달러의 손실을 입었다. 이렇게 소규모 은행들이 손실을 보았기 때문에 대출이 줄 수밖에 없었고, 그에 따라 총 대출이 760억 달러에서 1,140억 달러까지 줄게 됐다. 결국 가장 큰 문제는 패니메이와 프레디맥의 우선주를 다량 구매해 보유하고 있던 은행들에게 감독기관에서 오랫동안 위험성에 대해서는 아무런 언급을 하지 않은 채 오히려 안전한 투자 대상물이라고 권장해 왔다는 사실이다.

하지만 연방 정부가 패니메이와 프레디맥을 보호감찰 대상으로 선정하면서 이 우선주들의 가격이 '0'에 가깝게 떨어졌고, 그 결과 소규모 은행들은 결손 처리를 시급히 서둘러야 하는 절박한 상황에 처하게 되었다. 결손 처리를 제때 못한 은행들은 불행하게도 예금보험공사의 지휘 아래 문을 닫거나 다른 은행에 팔리는 운명을 맞아야 했다. 또한 많은 소규모 은행들이 이런 문제를 해결하기 위해 대출을 조기에 회수하거나 대폭 축소함으로써 경기회복을 더욱 더디게 만들었다.

패니메이와 프레디맥을 정부의 보호감찰 대상으로 선정한 것 자체가 대출이 증가해야 할 시점에 오히려 대출을 줄이게 하는 악영향을 유발했다. 또 선의의 피해자가 발생한 꼴이며, 이런 이유 때문에 미국은행연합회(American Bankers Association)에서 재무부에 패니메이와 프레디맥의 우선주를 회생시키는 방안을 건의했지만 아무런 조처가 내려지지 않았다.

정치인은 정치꾼이다

미국의 금융위기를 누구보다도 민감하게 느끼는 이들이 바로 정치인들이다. 그렇기에 경제를 살리기 위해서는 어떤 형태로든 구제금융이 지원되어야 하는 것은 주지의 사실이었다. 그래서 2008년 9월 중에는 7,000억 달러 규모의 구제금융안이 의회를 통과할 것이란 예상이 지배적이었다. 그 예로 월스트리트 저널은 2008년 9월 29일자 A1면 기사의 제목을 '의회, 재무부 구제안에 서명하다'(Congress, Treasury Sign Off On Bailout Package)로 했을 정도였다.

하지만 2008년 9월 29일 오후 1시 43분 하원의 표결 결과는 228대 205로 부결이었다. 이로써 2001년 9 · 11사태가 발생한 이래 다우존스 주가지수가 777포인트(7%) 하락하면서 최대의 일일 폭락 기록을 세웠다. 나스닥 지수는 9.1% 하락했고 윌셔 5000 지수는 자산 가치 1조2,000억 달러에 해당하는 막대한 손실을 장부상으로 기록했다.

이처럼 긴박하고 중요한 구제금융안이 부결된 근본적인 원인은 의원들이 한 달 후인 2008년 11월 4일 있을 총선을 의식한 때문이었다. 많은 지역구 주민들이 미국 뉴욕 월가의 내로라하는 대형 금융기관에 자신들의 혈세로 구제금융을 지원한다는 것을 찬성하지 않았다는 뜻이다. 즉, 월가에 대한 구제금융 지원을 반대하는 여론을 의식하여 초선 의원과 재선이 의문시되는 의원들이 대거 반대표를 던진 것이다. 국익보다는 의원 각자의 선거에 미칠 영향을 더 염두에 두었던 게 이번 금융위기 원인의 한 부분을 차지하고 있다.

재무부는 불공정한 결정의 산실이었다

2008년 9월 29일 씨티뱅크(Citibank)가 와코비아 은행을 매입하고자 할 때 예금보험공사와 재무부에서는 420억 달러를 초과하는 손실액에 대해서는 보조를 해 주고, 그 대신 와코비아의 채무를 씨티뱅크가 모두 넘겨받는다는 조건을 내세움으로써 와코비아의 채권자들에겐 아무 손실이 발생하지 않게 하는 너그러움을 보였다. 이런 결정은 우선 워싱턴 뮤추얼과 AIG의 경우에 비해 너무 관대한 처사라는 비난을 들었다. 즉 워싱턴 뮤추얼의 주주와 채권자들은 워싱턴 뮤추얼이 FDIC에 의해 파산 처리되는 바람에 모두 손해를 보았고, AIG의 경우는 재무부에서 보호감찰 대상으로 넘겨받았기 때문에 주주 및 채권자들의 권한이 대폭 축소되었다.

그러나 씨티뱅크와 와코비아 은행의 합병에 대한 이런 뒷거래도 1주일도 채 지나지 않은 2008년 10월 3일 웰스 파고 은행에서 와코비아를 154억 달러에 매입한다는, '잔치판을 깨는' 뉴스로 인해 무용지물이 되었다. 결국 와코비아를 급히 씨티뱅크에 매각하려던 재무부와 FDIC의 졸속 행정이 다시 도마에 올랐다. 또 이런 뒷거래를 성사시킨 후에도 웰스 파고 은행과 또 다른 뒷거래를 벌이고 있던 정부기관의 행태에 많은 국민들이 실망스러워 했다.

사실 웰스 파고 은행이 뒤늦게 와코비아 은행의 매입에 뛰어 든 이유는 와코비아에서 발생한 손실액 전체에 대해 세금공제 혜택을 받을 수 있었기 때문이었다. 앞서 씨티뱅크와 와코비아 은행의 합병이 발표된 이틀 뒤인 2008년 10월 1일 국세청(IRS)이 기업합병 후 넘겨받는 부채에 대해서는 세금공제 혜택을 주겠다고 발표한 터였다.

국세청이 재무부 소속이기 때문에 국세청의 이런 조치는 재무부가 한 쪽으론 씨티뱅크와 접촉하고 다른 한 쪽으론 웰스 파고 은행과 접촉했다는 사실을 확인시켜주는 것이었다. 따라서 두 은행에 양다리를 걸치고 저울질한 재무부의 형평성과 도덕성이 문제가 되었다.

웰스 파고와 와코비아의 합병은 이제 완전 종결되었다. 하지만 그런 합병을 가능하게 한, 국세청이 세금공제 혜택을 주겠다고 한 결정이 적법한가 하는 문제는 아직도 논란의 대상으로 남아 있다. 국세청과 재무부가 2008년 9월 30일 의회를 거치지 않고 발표한 3개의 면세 조치에 대한 합법성 여부가 문제가 되고 있는 것이다. 논란의 대상이 되고 있는 면세 조치들을 보면 이렇다. 첫째, 은행이 다른 은행을 매입하면서 그 은행이 안고 있던 손실을 넘겨받을 경우에 그 손실액에 대해 세금공제 혜택을 줌으로써 웰스 파고 은행이 와코비아 은행을 매입하는 데 결정적인 도움을 주었다는 점이다. 10월 3일 해외 자회사에서 발생한 이익금을 법인세 35%를 지급하지 않고 미국으로 반입할 수 있도록 한 조치도 논란의 대상이 되고 있다. 또 패니메이와 프레디맥의 우선주를 매입했다가 손실을 입은 소규모 은행들에게 자본금 손실로 처리하지 않고 세금공제 혜택이 더 큰 일반 손실로 처리하게 한 조치가 적법한가에 대한 결정도 아직 나오지 않고 있다.

장기간의 저금리 정책이 위기를 재발시킬 수 있다

경기부양을 위한 극약 처방은 초저금리 정책이다. 경색된 금융시장에 유동성을 제공하여 경기를 부양시키기 위해 연방준비은행이 드디어 2008년 12월 16일 연방기금 이자율을 0~0.25%로 떨어뜨리는 초저금리 정책을 실시했다. 이런 금리인하는 즉시 머니마켓펀드의 수익률을 떨어뜨렸다. 예를 들어 1,830여 개의 머니마켓펀드 중에서 약 10%에 해당하는 회사들이 12월 중순 수익률 0%를 기록했다. 이는 고객들에게 돌아갈 수익률이 0%라는 이야기인데, 이런 상황에서는 고객들에게 펀드 운영 수수료를 징수할 수 없게 된다. 수수료 수입이 없는 상태가 계속되면 펀드 회사들의 장기적 생존이 문제가 되고, 그 결과 머니마켓의 활동이 대폭 위축되어 자금시장의 경직을 유도할 것이란 우려가 나올 수밖에 없다. 실제로 그런 상황이 발생하기 시작했다. 크레디트 스위스 자산관리 회사(Credit Suisse Asset Management)

가 운영하던 80억 달러 규모의 머니마켓펀드는 2009년 1월로 영업을 중단한다고 발표했다.

또 단기금리가 0%이기 때문에 많은 자금이 머니마켓펀드에서 빠져나가 장기 채권으로 옮겨가기 시작했다. 그 결과 장기채권에 대한 수요가 지나치게 커져 장기채권 가격은 상승하고 이자율은 하락함으로써 주택대출 이자율을 떨어뜨리는 역할을 했다. 예를 들어 이런 조치가 취해진 2008년 12월 19일과 1주일 후인 12월 24일 사이의 금리 변동을 보면 10년 만기 국채 이자율이 0.457%포인트 하락했고 30년 만기 국채는 0.454%포인트 하락하여 30년 만기 주택대출 금리가 1971년 이래 가장 낮은 5.14%를 기록했다.

그러나 이렇게 낮은 주택대출 금리가 경기회복을 앞당기는 데 기여하진 못했다. 오히려 당시 상황에서는 부정적인 면이 더 부각되기도 했다. 낮은 금리가 장기간 유지된 것은 서브프라임 주택융자라는 심각한 문제가 발생했음을 다시금 느끼게 했다. 또 낮은 금리가 시장에서 유통된다 하더라도 개인이 재융자를 신청할 경우 정작 은행 측에서 대출을 기피했다. 다시 말해 신용 미달자들에게는 큰 도움이 되지 않았던 것이다. 또 주택의 잔여 가치가 소멸된 경우나 기존 대출액이 현재의 주택 가격보다 높은 경우엔 큰 도움이 되지 않았다. 즉, 아무리 주택융자 금리가 37년 만에 최저일지라도 많은 시민들에겐 그림의 떡인 상황이 발생하고 있었다.

어떤 정책이든 국민이나 기업들을 모두 만족시킬 수는 없다. 하지만 정책이 없는 것보다는 있는 것이 더 나을 때가 많다. 특히 지금까지 열거한 많은 정책들을 놓고 허와 실을 짚어보면서 미국 정부가 금융위기에 대처하기 위해 얼마나 폭넓게 노력했는가를 알 수 있었다. 그들이 실행한 많은 정책들이 좋은 효과를 가져 온 것도 사실이지만, 미래에 대비한다는 측면에서 그 내면에 숨어 있는 어두운 면도 조명해 보았다.

다음 장에서는 미국 정부가 금융기관에 대한 구제금융을 지원한 후 국민들의 불만을 해소하기 위해 어떤 정책을 세웠으며, 그 정책들이 국민들에게 어떻게 받아들여졌는지에 대해 알아보고자 한다.

5장

금융기관 외에 개인이나 단체를 위한 구제금융 지원책의 허와 실

그간 미국 정부의 구제금융 정책이 주로 금융기관에 맞춰져 있었던 게 사실이다. 이번 경제위기의 중심에 금융기관이 있기 때문이다. 그러나 더 자세히 보면 결국 주택대출을 받고 그 월부금을 상환하지 못한 각 개인들 역시 위기의 중심에 자리 잡고 있다. 즉 주택대출 월부금을 연체한 소비자들이 문제의 한 축을 이루고 있으며, 이 문제를 해결하는 것이 금융위기를 신속히 극복하는 열쇠라는 이야기다.

주택대출 연체자를 구제하기 위한 지원책

다행히 2008년 11월 중순부터 미국 정부는 개인 연체자들에 대해서도 구제금융을 지원하는 일에 신경을 쓰기 시작했다. 일례로 2008년 12월 14일에 예금보험공사에서는 2009년 1월 9일부터 차압당하는 주택 소유자들의 경우에는 집을 즉시 비우지 않아도 된다고 발표함으로써 거리로 내몰리는 시민들의 수를 줄이려고 노력했다. 또 2008년 12월 3일 재무부에서는 30년 고정금리 주택융자 이자율을 현행 6%에서 4.5%로 하향 조정하여 주택구매를 늘리겠다고 발표했다. 이 아이디어는 재무부가 30년 만기 국채를 3%대 금리로 발행하고 그 자금을 바탕으로 4.5%에 일반 시민들에게 주택대출을 해 줘도 손해보지 않는 장사를 할 수 있다는 계산에서 나온 것이었다. 또한 그 이익금으로는 모든 주택대출액에 대해 정부가 보증을 하기 때문에 대출기관은 위험부담 없이 대출을 해줄 수 있고, 그렇게 되면 주택경기가 활성화될 수 있다는 논리였다. 하지만 이 아이디어는 정부가 주택융자업계를 독점할 수 있다는 우려 때문에 실행되지 못했다. 무엇보다 중요한 것은 일반 개인 연체자들을 구제하려는 정부의 노력이 본격화되고 있었다는 점이다.

2008년 11월 12일자 시카고 트리뷴은 연체자가 100만 명이나 된다면서 이들을 구제할 수 있는 방안을 다양하게 제시했다. 첫째는 융자기간을 30년에서 40년으로 연장하여 주택월부금을 하향 조정하고, 둘째는 이자율을 낮추거나 고정금리로 변환시켜 주고, 셋째는 주택월부금을 최소액으로 정한 뒤 그래도 납부하지 못하는 이자나 원금은 융자금에 가산하여 차후에 지급하도록 하고, 넷째는 금융기관이 주택월부금을 월수입의 38%를 초과하지 않는 범위 안에서 결정하도록 하라는 권고였다. 이런 조치를 통해서만 연체율과 주택 차압을 줄

일 수 있다는 분석이었다. 하지만 이런 방안들도 실상은 많은 문제를
안고 있다. 예를 들어 이런 혜택을 받으려면 주택융자 차입자는 보유
주택에 대한 할부금 납입이 90일 이상 연체된 상태여야 하며, 현재

보유하고 있는 자산 액수가 현재 주택가치의 10% 미만이어야 했다. 이 방안들은 주택융자액의 삭감이 아니라 상환을 연기하는 것이기 때문에 연체자들로부터 즉각적인 호응을 얻지는 못했으나 집을 압수당하지 않고 그대로 유지할 수 있다는 장점은 있

미국 주택가 어딜 가든 흔하게 볼 수 있는 풍경이다. 주택 가격보다 대출액이 더 큰 주택들도 상당한 것으로 알려졌다. 그나마 2009년 6월엔 4년 만에 처음으로 미국 전역의 20개 도시의 집값을 나타내는 S&P/케이스-쉴러 주택가격 지수가 전달보다 1.4% 상승해 희망의 빛을 던지고 있다. <연합뉴스>

었다.

이 프로그램이 큰 효과를 얻지 못한 이유는 또 있다. 연체기간이 길어질수록 금융기관에서는 원금을 삭감해줄 수밖에 없다는 속사정을 연체자들이 잘 알고 있기 때문이다. 즉, 기다리면 대출 원금이 삭감되는 더 유리한 조건으로 재융자가 가능하다는 점을 잘 알고 있는 연체자들이 시간끌기와 눈치보기 작전으로 대출기관과 신경전을 벌인 것이다. 결국 승자가 없는 대치 국면만 길어지면서 최종적으로 금융기관은 주택차압이란 마지막 카드를 써야만 했다. 그 사이에 차압당할 주택의 소유주는 그 주택에서 돈이 될 수 있는 냉장고나 에어컨, 스토브 같은 각종 가정용품을 마구잡이로 뜯어가 집을 폐가로 만들어 놓았다. 그 결과 차압으로 주택을 소유하게 된 금융기관은 예상보다 훨씬 낮은 가격에 주택을 팔아야 했고, 그에 따라 커다란 손실을 입게 되었다. 이런 악순환은 경기가 다시 살아나지 않는 한 계속 되풀이되면서 미국 금융기관의 목을 죌 것이다.

이런 와중에 일부에서는 왜 모든 국민들이 주택을 소유해야 하느냐 하는 때늦은 질문을 하기 시작했다. 만약 모든 국민이 주택을 소유하지 않아도 된다면, 정부에서 굳이 각종 정책을 통해 저소득층이나 신용 미달자에게까지 대출을 해주라고 금융기관에 강요하지 않아도 될 것이며, 그 결과 부실자산 문제가 크게 불거지지 않을 것이란 논리였다. 또한 이럴 경우 패니메이나 프레디맥 같은 정부후원기관이 없어도 될 것이며, 일반 금융기관에서 그 역할을 충분히 대신할 수 있다는 주장이다. 그러면 자유경쟁을 통한 시장경제 논리 속에서 자원 및 자본의 분배가 더 효율적으로 이루어질 수 있을 것이며, 문제가 발생하더라도 당사자들이 책임을 질 것이기 때문에 정부나 납세자들은 손해를 보지 않는다는 주장이다. 하지만 기존의 체제를 바꾸기엔 역부족인지, 아직도 미국에서는 연체자들을 구제하고 주택 구매자들을 독려하는 정책을 계속 연구하고 있다.

다음 도표는 그동안 정부가 연체자들을 위해 고안한 각종 구제방안들을 소개하고 있다.

표15. 연체자들을 위한 구제방안들

구제방안	내용	비고
'주택 소유자들을 위한 희망'(Hope for Homeowners)	대출기관이 손실을 보는 것을 전제로 삭감해준 대출액을 FHA대출로 재융자해 줌.	2008년 10월 1일부터 2011년 9월 30일까지 유효. 40만 가구가 신청하리라는 정부의 예상에 훨씬 못 미치는 357가구가 신청.
주택대출 보증 확충 프로그램(FHA Secure)	조지 부시 대통령 때 실시한 정책으로 신용등급이 양호한 차입자의 대출을 FHA 대출로 재융자.	정부에선 8만 가구가 신청하리라 예상했으나 2007년 9월부터 2008년 12월 18일까지 4,100 가구가 신청. 저조한 실적 때문에 2008년 12월 31일자로 취소된 정책임.
주택 소유자 보호법(Homeowners Protection Act of 2008)	개인이 파산을 신청할 때, 판사에게 임의대로 대출액을 하향 조절할 수 있는 재량권을 주자는 법안.	전국주택건설업자협회가 후원하는 법안.

연방예금보험공사 재조정 계획(FDIC Modification Plan)	정부에서 금융기관에 재융자 수수료를 건당 1,000달러씩 지불하고 재융자 후 발생하는 파산에 대해서는 정부가 보증을 서는 방안.	인디맥 은행을 정리할 때 사용했던 방식으로 연방준비제도이사회 버냉키 의장이 제안.
연체모기지 정부 구입 (Government Purchases Delinquent Mortgages)	정부가 연체된 모든 주택 대출액을 사들여 FHA 대출로 전환한 후 시중에 판매하자는 안.	버냉키의 또 다른 아이디어로 시간이 필요하긴 하지만 많은 연체자들을 구제할 수 있다는 점에서 긍정적 반응을 얻음.
사분야 재조정 계획 (Private Sector Modification Plans)	은행이 자체적으로 연체자와 협상하여 대출 조건을 변경시키는 방안으로 체이스 은행, 씨티뱅크, 뱅크 오브 아메리카 등이 실시하고 있음.	미국의 14개 대형 은행에서 실시하여 2009년 1분기에 7만3,000 가구와 협상했고, 2분기엔 11만4,000 가구와 협상하여 대출 조건을 변경했음.

(출처: Zelman & Associates; WSJ reporting)

이렇듯 연체자들을 구제할 방안이 여러 가지 나왔지만 큰 효과를 보진 못했다. 전반적으로 경기호전이 이뤄지지 않고는 연체자의 수가 줄어들 수 없는 상황이었기 때문이다. 다만 경기가 회복되면서 서서히 앞에서 열거한 각종 프로그램들이 효과를 발휘할 것이라고 기대할 뿐이다. 연체자가 연체를 하고 싶어서 하는 것이 아니라 어쩔 수 없이 하는 것이기 때문에 이들이 왜 연체를 하지 않을 수 없는가 하는 근본적인 질문에 대한 답을 구하는 것이 무엇보다 중요하다. 그에 대한 대답은 경기침체에 따라 실직자가 늘어났다는 것이다. 그러므로 주택대출 연체 문제가 해결되려면 미국 경제가 하루 속히 회복되는 수밖에 없다. 그렇지 않고는 지금까지 실시해 온 구제금융을 구제하기 위해 또 다른 구제금융이 필요하게 될지도 모른다.

이미 경기회복을 위해 연방준비은행은 2009년 3월부터 '기간부 자산담보채권 대출장치'(TALF)를 가동하여 기업들이 내준 자동차 대출과 신용카드 대출, 학자금 대출, 소기업 대출 등을 담보로 기업들에게 돈을 꾸어주는 정책을 실시하고 있다. 약 1조 달러 규모의 자금을 풀 예정이었으나, 시행 초기엔 기업들이 100억 달러에도 미치지 않는 금액만 신청하는 바람에 크게 실효를 거두지 못했다. 기업들의 신청이 예상보다 저조한 이유는 경기불황으로 자동차 매출이 줄었고, 신용카드 대출도 줄었으며, 학자금 대출이나 소기업 대출은 원래 규모가 작았기 때문이다. 그 결과 연방준비은행에서는 제2차 TALF를 통해 상업용 부동산 대출이나 개인 주택대출을 담보로 대출을 더욱 확대할 계획을 세우고 있다.

이자율 0% 시대를 열고도 경기회복의 조짐이 나타나지 않자 연방준비은행에서는 일반 기업에 거의 모든 자산을 담보로 유동성을 무제한 제공하고 있다. 그래도 미국 경기는 여전히 꿈쩍도 않고 있다.

지방자치단체를 위한 구제금융

  미국의 지방자치단체들인 주정부와 카운티정부, 그리고 시정부는 주로 소득세와 판매세, 부동산세, 그리고 연방정부의 보조금으로 예산을 집행한다. 2007년 이후 지방자치단체들의 예산집행에 심각한 차질이 생겼다. 그 이유는 경기침체가 장기화되면서 소비자들의 소득 감소로 소득세 수입이 줄었고, 또한 소비 감소로 판매세 수입이 줄어들었으며, 주택가격 하락으로 부동산세를 징수하는 것마저 어려

아널드 슈워제네거 캘리포니아 주지사가 2009년 6월 29일 새크라멘토 주청사에서 317억 달러에 달할 주 재정적자와 관련해 기자회견을 하고 있다. 그동안 부자 주로 통했던 캘리포니아 주까지 구제금융을 신청하고 나서자 미국 국민들 사이에 기관들의 모럴 해저드가 심각한 정도라는 비난이 나오고 있다. <연합뉴스>

운 상황이 됐기 때문이다.

그 결과 각 지방자치단체에서는 2008년 11월부터 연방정부에 금융 지원을 요청했다. 필라델피아와 피닉스, 애틀랜타의 시장들은 7,000억 달러의 구제금융 지원금 중 500억 달러는 세입감소에 따라 적자 운영이 예상되는 지방자치단체에 지원해 줄 것을 재무부에 요청했다. 미국 전역에서 현재 필요한 4,500여 개 인프라를 건설하거나 보수하면, 약 25만 명의 고용을 창출하는 효과가 있으며, 이것이 경기 부양에 가장 효과적이라는 주장이었다. 이렇다 보니 미국 50개 주 중에서 317억 달러에 달하는 재정적자가 예상되는 캘리포니아 주, 64억 달러가 예상되는 뉴욕 주, 51억 달러가 예상되는 플로리다 주정부도 구제금융을 요청했다. 웬만한 주정부나 지방자치단체에서도 공돈 인양 경쟁적으로 연방정부에 구제금융을 신청하는, 또 다른 양상의 도덕적 해이를 보였다.

디트로이트 자동차 3사를 위한 구제금융

경기침체가 심화되던 2008년 11월 디트로이트 자동차 산업의 '빅 스리'로 불리는 GM과 포드, 크라이슬러는 의회에 250억 달러 규모의 구제금융을 신청했다. 하지만 그 안은 국민들의 분노 때문에 쉽게 의회를 통과하지 못하고 수차례 수정을 거친 끝에 174억 달러 규모를 지원하는 것으로 일단락 지어졌다. 하지만 이 자금은 공장 가동이

자동차업계를 살려 미국 경제를 띄우기 위한 프로그램의 하나로 자동차를 새로 구입하는 사람들의 중고 자동차를 사주는 정책도 나왔다. 소비자들의 호응이 좋아 2009년 8월에는 22개월 만에 처음으로 자동차 판매가 100만대를 돌파했다. 그러나 이 프로그램의 혜택이 외국 자동차 회사에게 더 많이 돌아간 것으로 확인되어 관계자들을 씁쓸하게 만들었다. <연합뉴스>

중단될 상황에서 목숨을 잠시 연명할 수 있는 정도의 역할밖에 하지 못했다. 결국 더 큰 지원이 필요했다.

미국 의회는 자동차 3사에 새로운 지원책을 마련해줬다. 중고차를 새 자동차로 바꿀 경우 일정 금액을 지원해 주는 '자동차 환불제도'(CARS: Car Allowance Rebate System)를 2009년 7월 24일부터 실시했다. 의회 입장에선 내수 경기를 활성화한다는 목적도 있었다. '중고 자동차 환불 프로그램'(Cash-for-Clunkers Program)으로 더 잘 알려져 있는 이 프로그램은 시행 1주일 만에 책정된 10억 달러의 예산이 모두 소진되는 '성공'을 거뒀다. 추가로 20억 달러의 특별 예산도 책정했다. 당초 2009년 11월 1일까지 실시할 예정이었으나 국민들의 반응이 너무 뜨거워 8월 24일에 조기 만료되었다. 2008년 7월부터 8월 20일까지 한 달도 채 안 되는 기간에 45만7,000건의 환불 신청이 접수되었고, 예상되는 지불금액은 19억 달러에 이르렀다. 이렇게 많은 신청서를 1,000여 명의 공무원들이 휴일도 없이 검토했지만 필요한 시기에 모든 신청자에게 환불해주기가 너무 벅찼다. 또 신청자가 만료일에 가까워질수록 더욱 폭증하리란 예상 때문에 교통부 장관인 레이 라후드(Ray LaHood)가 자금이 고갈되기도 전에 정책을 조기에 만료시켰다.

가격이 4만5,000 달러 미만인 자동차를 새로 구입할 때에만 적용되고, 교환하는 중고 자동차는 출고된 지 25년 이내여야 하며, 연비가 갤런당 18마일 이하인 차량에 한해서만 혜택이 돌아갔다.

이 프로그램에 힘입어 2009년 8월 자동차 판매실적이 1년 만에 다시 100만 대를 넘어섰다. 대성공이었다. 자동차 업계에 활기가 잠시 돌았다. 그 결과 GM은 해고한 직원 중에서 약 1,300명을 다시 고용하고, 애틀랜타에 있는 현대자동차는 3,000명의 직원을 고용한다고 발표했다.

2009년 8월 24일 종결된 이 프로그램의 성과를 보면 미국 자동차 3사보다는 일본과 한국계 자동차 회사들이 더 많은 혜택을 입은 것으로 나타났다. 가장 많이 교환되거나 판매된 차종을 보면 토요타 코롤라(Toyota Corolla)를 선두로 혼다 시빅(Honda Civic)이 2위, 토요타 캠

리(Toyota Camry)가 3위, 포드 포커스(Ford Focus FWD)가 4위, 현대 엘
란트라(Hyundai Elantra)가 5위를 각각 기록했다. 토요타의 경우 시장
점유율 16.3%보다 많은 19.4%의 판매실적을 기록했으나 GM의 경
우엔 평소 시장점유율 19.6%보다 못한 17.6%에 그쳤다. 결국 이번
중고 자동차 환불 프로그램은 구매자들의 소비심리를 부추겨 경제성
장에 이바지했다는 차원에서는 성공적이지만 외국계 회사들에게 상
대적으로 더 많은 이익이 돌아갔다는 점에서 미국 정부 입장에선 뒷
맛이 개운치 않았다.

가전제품업계를 위한 구제금융

주택경기 침체가 장기화되면서 신규 주택건설이 얼어붙자 냉장고
와 세탁기, 건조기, 에어컨 등 가전제품들의 판매가 침체되었다. 그
렇다 보니 이런 제품들을 생산하는 월풀과 GE, 일렉트로룩스(Elec-
trolux) 같은 회사들과 이들 제품을 판매하는 소매업자들이 고통을 받
았다. 곤경에 처한 가전제품업계를 구제하기 위해 2009년 초에 효력
을 발휘한 경기부양법안에 의해 3억 달러 규모의 정부 예산이 이미
책정된 상태였지만, 실효성이 입증되지 않아 그동안 시행되지 못하
고 있었다. 하지만 중고 자동차 환불 프로그램이 자동차 수요를 북돋
우는 대성공을 거두었다는 판단 아래, 비슷한 프로그램을 통해 가전
제품 수요도 촉발시킬 수 있다는 자신감이 생기면서 이 프로그램이

다시 거론되기 시작했다. 중고 가전제품을 가져오거나 에너지 효율성이 높은 신제품을 구입할 경우 200달러 정도의 혜택을 주는 프로그램인데, 이는 친환경 녹색혁명을 주창하는 현 오바마 행정부의 정책과도 호흡을 같이 하기 때문에 실행 가능성이 아주 높아 보인다. 현재 연방정부에서 이 프로그램의 시행안을 각 주정부에 의뢰해놓은 상태며, 각 주정부는 2009년 10월 15일까지 연방 에너지부에 각자 시행안을 제출해야 한다. 이 프로그램은 그 이후 에너지부의 승인을 받아 실행될 것으로 보인다.

한 가지 재미있는 사항은 월풀 같은 회사에서는 이미 2005년 의회로부터 에너지 소비가 적고 친환경적인 가전제품을 생산하여 판매하면 연방정부로부터 6년에 걸쳐 3억 달러 상당을 고객들에게 환불해 줄 수 있다는 특혜를 받아놓았다는 점이다. 그러나 이 혜택은 의회에서 예산을 책정해 주지 않는 바람에 그동안 대기 상태에 놓여 있었다. 이젠 예산이 확보된 상태라서 이 혜택도 10월말부터는 실행에 들어갈 가능성이 높다.

미국이 현재 겪고 있는 금융위기는 1930년대에 있었던 경제 대공황 이후 처음 맞는 대형 위기임에 틀림없다. 2007년 12월 경기침체가 시작되고 거의 2년이란 시간이 흘렀지만 경기회복의 기색은 아직 찾아보기 어렵다.

경기침체가 계속되는 동안에는 국민들의 생활이 어려운 것이 사실이다. 경기침체가 장기화되면서 미국 국민들의 인내에도 한계가 오는 것인지, 도처에서 도덕적 해이 현상이 나타나고 있다. 각 지방자치단체가 세금수입이 줄면서 연방정부에 구제금융을 신청했고, 뒤이어 디트로이트 자동차 3사가 손을 벌렸는가 하면, 2009년 8월부터 가전제품 회사도 자동차업계와 비슷한 혜택을 연방정부에 요구하고 나섰다. 말하자면 금융업계를 출발점으로 시작된 정부의 구제금융이 개인 주택 소유자들을 거쳐 지방자치단체들을 지나 자동차와 가전업계로 이어지면서, 끝없는 행진을 벌이고 있다. 달콤한 공짜의 맛을 본 미국의 개인과 기업들은 이제 또 다른 공짜를 요구하면서 좀처럼 수그러들지 않는 금융위기의 여진을 경험하고 있다. 언젠가는 이 여진의 파급효과가 다시 미국 경제를 흙탕물 속에 빠지게 할지도 모른다는 우려가 나오고 있다. 아직도 미국은 금융위기의 깊은 수렁에서 헤어 나오지 못하고 있다.

6장
금융위기가 몰고 올 변화

이번에 금융위기의 터널을 벗어나면 많은 변화가 있을 것으로 예상된다. 그 변화는 이론적인 변화와 실무적인 변화로 구분해 볼 수 있는데, 이론적인 변화는 위기가 발생할 경우 구제금융을 지원하는 것이 최선의 방법인가에 대한 논의이고, 실무적인 변화는 위기가 발생할 때 어떻게 대처해야 하는가에 관한 논의이다.

경제이론에 예상되는 변화

거시경제이론의 기본에 대한 재점검이 요구된다

금융위기를 해결하는 방안을 놓고 경제학자들 사이에 논쟁이 뜨겁게 진행된 것은 누구나 다 아는 사실이다. 앞에서 언급했듯이, 해결책으로 불량 금융기관의 파산을 강조하는 학자가 있는가 하면, 연방준비은행을 통한 유동성 제공에 중점을 둬야 한다고 주장하는 학자가 있었다. 또한 재정정책을 통해 정부의 지출을 증가시켜야 한다고 주장하는 학자들도 있었다.

어떤 정책이 우선되어야 하는지를 현재로선 가늠하기 이르지만, 미국 연방준비은행이 그동안 금융위기에서 벗어나기 위해 거의 무제한적으로 시행하고 있는 유동성 제공 정책이 미국 경제에 미칠 파급효과에 대해서는 2009년 2분기를 기점으로 논란이 가속되고 있다. 2009년 7월 21일 영국의 경제신문인 파이낸셜 타임스에 따르면, 이 논쟁의 중심에는 아직도 불완전한 경제이론들이 자리하고 있다. 즉, 대량의 유동성을 제공하기 위해 재정적자가 증가하고 그에 따라 인플레이션이 발생하게 된다는 학설과, 금융기관들이 대출을 절제하고 있기 때문에 통화의 과잉팽창이 발생하지 않고 있다는 현실론이 서로 대립하고 있는 것이다. 어느 학설이 신빙성을 더 확보하고 있느냐에 따라 기업들의 사업계획이 달라질 수 있기 때문에, 이 이론적 대립은 경기회복에 많은 영향을 미칠 수 있다. 만약 인플레이션이 발생할 것이라면 지금 장기채권을 발행하여 자금을 조달해야 한다. 하지만 인플레이션이 일어나지 않는다면, 좀 더 시간을 두고 관망해도 늦지 않기 때문이다. 앞으로 인플레이션의 발생 가능성과 발생 시기에 맞춰 기업들의 투자 양상이 달라질 수 있으며, 그에 따라 경기회복 속도도 차이를 보일 수 있다.

승수효과에 대한 재검토　　문제가 되는 것은 정부 지출 금액이 경기부양에 얼마만한 영향력을 갖고 있느냐 하는 점인데, 인플레이션을 우려하는 학자들은 정부 재정지출 1달러당 멀티플라이어(Multiplier: 승수(乘數))가 1 이상이기 때문에 경기부양에 가속화를 예상하는 반면, 인플레이션을 우려하지 않는 학자들은 멀티플라이어가 1 이하이기 때문에 경기과열이 예상되지 않는다는 입장을 고수하고 있다. 예를 들어 승수가 1일 경우에는 정부 재정지출이 1이면 국내총생산(GDP)이 1 상승한다는 뜻이고, 승수가 1.5일 경우엔 재정지출이 1 증가하면 국내총생산이 1.5 증가함으로써 경기과열을 초래할 가능성이 있다는 뜻이다. 승수효과를 분석할 때 명심해야 할 점 한 가지는 세금 감면을 통한 경기부양 효과와 재정지출을 통한 경기부양 효과가 다르다는 사실이다. 즉, 다음 도표에서 보듯 감세의 효과는 감세 이후 1년 사이엔 1.1에서 1.3의 효과가 있고 2년 후에는 1.3에서 3.0까지의 승수효과를 보인다고 학자들은 추산한다.

표16. 세금감면 정책의 승수효과

학자	1년 후	2년 후
Blanchard-Perotti	1.1	1.3
Mountford-Uhlig	1.2	2.8
Romer-Romer	1.3	3.0

표17. 재정지출의 승수효과

학자	1년 후	2년 후
Blanchard-Perotti	0.4	0.7
Mountford-Uhlig	0.6	0.7

이 도표에서 중요한 사항들을 읽을 수 있다. 첫째, 감세의 효과가 재정지출의 효과보다 더 크다는 점이다. 이는 감세의 경우 국민들이 감세에 따른 여유 자금을 즉시 지출함으로써 경기부양에 즉각 도움을 주기 때문이다. 둘째, 감세에 따른 2년 후의 승수효과는 1을 넘어 크게는 3까지 간다는 점이다. 이는 재정지출에 따른 승수효과가 2년 후에도 1미만인 0.7에 머물고 있다는 점을 감안할 때 감세 정책의 중요성을 잘 보여주는 수치다.

이런 사항들을 종합해 볼 때 2009년 초 오바마 대통령이 집권하면서 7,870억 달러 규모의 경기부양책을 통과시켰는데, 그 정책에 따른 승수효과를 계산하는 일이 앞으로 인플레이션 발생 가능성과 그 시기를 예측하는 데 큰 변수로 작용하게 된다. 7,870억 달러 중 약 47%에 해당하는 금액이 세금 감면 목적으로 사용된 것으로 추산되기 때문에 경기과열을 예상하는 학자들의 목소리가 상대적으로 우세한 것이 사실이다. 하지만 일반 소비자인 국민들의 소비심리가 항상 같은 것이 아니기 때문에 감세에 대한 앞으로의 반응이 1을 초과하는 승수효과를 유발하리란 예측을 부정하는 학자들도 있다. 이렇게 이론적 대립이 계속됨에 따라 미국 정부의 정책이나 기업들의 투자전략이 당분간 불투명할 전망이다.

정부예산 지출의 효율성 재검토　　현대 경제학에서는 경기가 침체를 보일 때에는 정부가 예산지출을 확대하는 재정정책을 사용하든가 아니면 돈을 풀어 이자율을 낮추는 통화(금리)정책을 사용해야 경기를 회복시킬 수 있다는 이론을 신봉하고 있다. 재정정책은 영국의 존 메이나드 케인스(John Maynard Keynes:1883-1946)가, 통화정책은 미국의 밀턴 프리드먼(Milton Friedman:1912-2006)이 각각 태두를 이루고 있는 학설이다. 하지만 이번에 금융위기를 겪으면서 점점 많은 경제학자들이 이 학설들의 타당성에 대해 의문을 제기하고 나섰다.

예를 들어 카토 연구소(Cato Institute)의 앨런 레이놀즈(Alan Reynolds) 연구원은 2007년부터 세계 각국에서 실시한 대형 재정정책의 효과를 분석하면서 1년 이내에 긍정적인 성장을 기록한 나라는 호주와 중국, 인도 등 3개국에 불과하며 그 외 미국과 일본, 캐나다, 영국, 독일, 이탈리아, 프랑스, 스웨덴, 스위스, 스페인 등 10개국은 오히려 하락세를 보였다고 주장하고 있다.

또한 그는 미국에 중앙은행이 없던 1914년 이전에도 물론 여러 차례 경기침체가 있었지만 그 심각성이 비교적 가벼웠으며 중앙은행의 도움 없이도 잘 해결해 왔다고 말한다. 오히려 미국에선 중앙은행인 연방준비은행이 설립된 뒤에 발생한 경기침체, 즉 1920~21년, 1929~33년, 1937~38년 등 3차례의 경기침체가 대공황으로 불릴 정도로 파급효과가 심각했다고 주장한다. 그러면서 그는 재정정책이든 통화정책이든 불문하고 정부가 경기회복에 깊이 관여하면 할수록 경기침체는 그만큼 더 오래 지속되며 해(害)가 된다고 말한다. 즉, 정부의 참여는 경제가 자연 치유력을 상실하도록 만들어 오히려 병을 더 키워 실제 경기회복에 걸림돌이 되고 있다는 주장이다.

자산운용이론에 대한 재검토　　금융위기를 겪으면서 자산운용 및 관리업계들의 문제점이 노출됐다. 즉, 모든 국제 증시가 동반 하락하는 상황에서는 기존의 포트폴리오 분산이론이 무력했으며, 많은 대소 주식 펀드들은 물론이고 잘나가던 헤지 펀드들과 심지어 아이비리그 대학들의 자산 운용 펀드들도 참패를 면하지 못했다. 예를 들어 2009년 6월 기준으로 아이비리그 소속 대학교 중 기부자산 규모로 톱5에 드는 대학교의 전년 대비 수익률을 추산해 보면 모두 25% 이상의 손실을 기록했다. 특히 수익률 순위로 선망의 대상이 되어왔던 하버드 대학과 스탠포드 대학이 타 대학보다 더 큰 손실을 입어 많은 사람들을 놀라게 했다. 이 대학의 손실률은 30%였다. 이런 상황에서 과연 어떤 자산운용기법이 효율적인가에 대한 연구 검토가 있을 것이다 .

표18. 아이비리그 중 기부자산 규모 톱5 대학교의 기부 자산 규모 및 전년 대비
수익률 (2009년 6월말)

대학교	기부자산 규모(단위: 억 달러)	전년 대비 수익률(%)
Harvard	369	−30
Yale	229	−25
Stanford	172	−30
Princeton	163	−25
MIT	101	−25

(출처: 월스트리트 저널, 2009년 8월 21일(C1면))

특히 대규모 국부펀드(National Wealth Fund)들 역시 이번 금융위기를 맞아 엄청난 손실을 감수해야 했다. 2008년 상황을 중심으로 주요 내용을 보면 다음과 같다.

(1) 아부다비 투자공사(Abu Dhabi Investment Authority)는 씨티그룹에 투자하여 353억 달러의 손실을 본 것으로 추정된다.

(2) 중국투자공사(China Investment Corp.)는 모건 스탠리에 투자한 56억 달러 중 2008년 9월 18일 현재 30억 달러의 손해를 보았고, 또한 중국상업은행(China Merchants Bank)과 합작으로 리먼 브러더스에 투자한 3억5,000만 달러는 전액 손해를 본 것으로 추산된다.

(3) 쿠웨이트 투자공사(Kuwait Investment Authority)에서 메릴린치에 투자한 3억 달러는 전액 손실로 추정된다.

(4) 한국투자공사(Korean Investment Corp.)가 메릴린치에 투자한 3억 달러 역시 전액 손실을 본 것으로 추산된다.

(5) 싱가포르의 국부펀드인 테마섹(Temasek Holdings)이 메릴린치에 투자한
59억 달러 중 2008년 9월 18일 현재 10억 달러 손해를 봤다.

이렇듯 대규모 손실을 감당해야 하는 상황에서 자금운용회사들은 자산관리를 새롭게 효율적으로 운용할 이론과 방법을 개발해야 할 입장이다. 그러기 위해서는 금융자산의 리스크를 관리하는 일에 더 많은 연구가 필요하며 새로운 리스크 모델에 대한 연구도 더 심도 있게 진행될 것이다.

또한 큰 손실을 경험한 많은 해외 국부펀드나 대형 해외 기관투자가들이 지속적으로 미국 금융기관과 주식시장에 투자를 할 것인가가 불분명하다. 자국 기업이나 자국의 증권시장에는 투자를 하지 않는다는 비난이 전 세계적으로 확산되는 분위기 속에서, 과연 국부펀드들이 앞으로 어떤 투자 전략을 세우느냐 하는 점이 관심사로 남아 있다.

미국은 쌍둥이 적자를 해결해야 한다

금융위기의 발생에 일조를 한 원인으로 미국의 쌍둥이 적자를 꼽지 않을 수 없다. 장기적인 무역적자와 재정적자가 위기의 원인이라는 견해는 미국 국내에서보다 해외에서 더 강하게 거론되었다. 미국이란 나라가 아무리 크고 부유하다 해도 장기간 빚을 내어 생활을 할 수는 없다는 전제 하에, 끊임없이 소비에만 초점을 맞추고 사는 미국 국민과 정부가 문제라는 것이다. 국민들은 해외, 특히 중국으로부터

의 대량 수입에 의존하여 무역적자라는 이름으로 중국에 빚을 얻어 살았고, 정부는 각종 전쟁 비용과 국민들의 복지증진을 위하여 해외로부터 빚을 얻었다는 논리이다.

무역적자　　예를 들어 다음 도표의 마지막 난에서 보듯 미국은 2008년 한 해 동안 주요 무역거래국과의 무역에서만 6,310억 달러의 적자를 기록했다. 이는 매일 같이 약 20억 달러에 해당하는 비용을 외국상품 구매에 지출하고 있음을 보여 주며, 전체 무역 적자의 1/3에 해당하는 금액이 중국으로 들어가고 있다.

표19. 2008년 12월 현재 미국의 국가별 무역적자 규모 (단위: 100만 달러)

국가명	12월 적자액	연간 누적적자
중국	−19,879.66	−266,332.71
일본	−5,271.74	−72,669.05
멕시코	−4,079.76	−64,376.26
독일	−3,245.38	−42,820.59
캐나다	−2,786.72	−74,640.91
아일랜드	−2,467.84	−22,914.91
이탈리아	−1,515.45	−20,664.80
한국	−1,420.27	−13,268.66
사우디아라비아	−1,406.23	−42,308.21
대만	−1,254.97	−11,047.65
합계		−631,000.00

(출처: 미국 상무부 센서스국. http://www.census.gov/foreign-trade/top/dst/2009/06/deficit.html 참조)

이렇게 막대한 규모의 무역적자를 미국은 과연 언제까지 감당할 수 있을까? 의문이 들지 않을 수 없다. 하지만 대규모의 무역적자는 미국만의 문제가 아니라 전 세계의 문제임을 알아야 한다. 만약 미국이 무역적자 해소를 이유로 전 세계의 국가들과, 특히 중국과의 무역을 중단한다면 세계 경제에 어떤 영향을 미칠지 한번 검토해 보아야 한다. 한 가지 중요한 사실은 당분간은 중국 없는 미국은 가능해도 미국 없는 중국은 가능하지 않다는 사실이다. 이 문제를 해결하기 위해 중국은 이번 금융위기를 기점으로 국내 소비 증진을 독려하며 미국 없는 중국을 구현하려고 애쓰고 있다.

재정적자　　빌 클린턴 행정부 시절에 잠시 재정흑자를 기록했던 미국은 후임자인 조지 부시 행정부 때부터 이라크 및 아프가니스탄에서 전쟁을 수행하고 있는 데 이어 2007년 구제금융 지원정책까지 펴면서 다시 적자로 돌아섰다. 부시의 후임자 버락 오바마도 금융위기를 조기에 극복하고 경기를 부양하기 위해 다시 재정지출을 늘리면서 적자폭을 넓혀가고 있다. 2008년 9월 30일 종료된 미국의 2008 회계연도를 보면 미국 국내총생산의 3.2%에 해당하는 4,550억 달러의 재정적자를 기록했다. 무엇보다도 중요한 것은 이 재정적자가 해마다 눈덩이같이 불어나 2009년 8월 20일 현재 약11조7,000억 달러로 집계되고 있다는 사실이다.

이런 대규모 재정적자를 유지하려면 정부는 채권을 계속 발행해야 하며 그에 대한 이자를 지불해야 한다. 다음 도표에서 확인할 수 있듯, 미국 정부가 2000년부터 현재까지 지불한 이자 비용을 보면 2000년의 3,620억 달러 이후 연방준비은행의 이자율 인하정책에 힘입어 잠시 하락 추세를 보이다가 2003년 이후 이자율이 상승함에 따라 다시 증가하기 시작했다. 2008년에 이자로 지불한 금액은 자그마치 4,511억 달러에 이른다. 이는 연방정부 전체 예산지출의 약 15%에 해당한다. 이렇다 보니 국민들을 위한 정상적인 지출은 삭감되고, 그에 따라 국민들의 불만이 날로 높아만 가고 있다. 이런 와중에 막대한 비용의 구제금융정책을 펴는 연방정부에 국민들이 고운 눈길을 보낼 수가 없다.

표20. 회계연도별 연방정부의 이자지출

연도	이자액
2008	$451,154,049,950.63
2007	$429,977,998,108.20
2006	$405,872,109,315.83
2005	$352,350,252,507.90
2004	$321,566,323,971.29
2003	$318,148,529,151.51
2002	$332,536,958,599.42
2001	$359,507,635,242.41
2000	$361,997,734,302.36

(출처: http://www.treasurydirect.gov/govt/reports/ir/ir_expense.htm)

이런 식으로 미국의 무역적자가 계속 증가하면 국민들의 부채가 증가하게 된다. 또한 미국 정부의 재정적자가 증가하면 정부의 이자 비용도 증가하게 된다. 결국 이 쌍둥이 적자는 미국 국민과 정부를 압박하는 암적인 요인으로 작용하여 경제의 활력을 떨어뜨리고 효율성을 저하시키면서 미국을 노화시킬 수 있다. 이 과정에서 한 가지 중요한 점은 미국 정부의 부채가 증가하는 한 미국 정부는 미국 내 금융시장과 전 세계의 금융시장에 지대한 영향력을 행사할 것이며, 그에 따라 미국 내 채권 금리와 영국의 리보금리를 포함한 대부분의 국제 금리는 미국 정부에 의해 움직일 것이다.

연방준비은행의 역할 변화

연방준비은행은 고용 극대화, 물가안정, 그리고 적정한 장기이자율의 유지를 목적으로 1913년에 인가되어 1914년부터 업무를 시작한 기관으로, 미국 연방기관으로서는 극히 드물게 독립이 보장되어 있다. 예를 들어 연방준비은행 위원이 되었다 하면 14년간 근무가 보장되고, 예산 편성 및 집행을 독자적으로 할 수 있으며, 그 내용에 대해 아무 기관에도 감사를 받을 의무가 없다. 이처럼 독립성이 보장된 상태에서 공개시장위원회(FOMC)를 통해 통화정책을 수행하면서 고용 극대화와 물가안정을 꾀하게 된다. 하지만 이번 금융위기 중에 재무부 국채의 매입은 기본이고 각종 사기업 채권과 주택융자 채권, 자동차 대출 및 학자금 대출 등을 담보로 무차별적으로 유동성을 제공한다는 인상을 줌으로써 2009년 4월 2일 상원에서는 연방준비은행에 대한 감사 권한을 갖는 법안을 추진하기에 이르렀다.

아무리 독립이 보장되는 연방준비은행이라고 하지만 매입한 자산이 악성으로 변질될 경우 손해를 입는 데는 예외가 될 수 없다. 그럴 경우 결국 그 피해는 고스란히 국민들에게 돌아가게 된다. 그러므로 연방준비은행도 채권매입과 관련된 모든 활동과 특별대출 내용에 대해 국민들에게 세밀히 공개해야 한다는 의견이 지배적이다. 연방준비은행도 그런 활동 내역에 대해서는 투명하게 공개해야 한다는 데 동의하면서도 연방준비은행 고유의 영역인 채권매입과 대출결정 과정에 대한 사항은 공개를 꺼리고 있다.

또한 대형화된 미국 내 금융기관의 감독권을 놓고 재무부와 예금보험공사, 증권감독원과 벌일 실랑이도 앞으로 연방준비은행이 해결해야 할 중요한 과제의 하나이다.

경제 실무에 예상되는 변화

새로운 규제들이 많이 예상된다

금융업에 심각할 정도의 대형화 현상이 일어날 것이며, 이와 관련하여 대형 금융기관을 규제할 법이 제정될 것이다. 지금까지는 대형 금융기관이 파산할 경우 그 파급효과가 워낙 크기 때문에 쓰러지지 않게 대규모 구제금융을 지원함으로써 경제 전반에 걸쳐 부정적 영

향을 극소화하려 했다. 즉, '대마불사'(大馬不死)를 정책의 일환으로
사용했다. 하지만 경영을 잘못하여 파산해야 하는 회사들은 크고 작
고를 막론하고 시장원칙에 의해 파산하도록 내버려 둬야 한다는 국
민 여론 때문에 앞으로는 정부 차원에서의 대마불사가 아니라 대마
필사(大馬必死)를 전제로 한 대형 금융기관 관리법이 제정될 것이다.
많은 금융회사들이 합병 통합된 상태에서 이제는 상업은행과 투자은
행의 구분 없이 명실 공히 대형 금융회사만 존재하게 되었다. 이제
미국에는 뱅크 오브 아메리카, JP 모건 체이스, 씨티그룹, 웰스 파고
정도의 4개 대형 금융회사들이 모든 투자업무와 은행 고유의 업무를
수행하는 시대가 왔다.

지금까지 정부후원기업으로 존재하고 있는 패니메이와 프레디맥
같은 기관들은 완전 사유화되어 정부와 전혀 무관하게 독립적으로
운영되거나 아니면 완전 공유화되어 국가에서 총괄하는 형태가 될
것이다. 두 가지 가능성 중에서는 이번 위기가 끝나고 금융시장이 어
느 정도 안정을 취할 경우 완전 사유화될 가능성이 아주 높다. 그 이
유는 주택융자업이 정부 소유의 독과점이 될 때 그 비효율성이 오히
려 금융시장의 발전에 저해가 될 수 있기 때문이다.

신용평가회사들의 역할과 책임에 대해 심도 있는 검토가 있을 것이
다. 즉, 신용평가회사는 단순한 정보 전달자에 그치는지 아니면 그
정보의 파급효과까지도 감안해야 하는 분석가인지의 여부가 논의될
것이다. 지금까지 신용평가회사의 공식 입장은 단순히 정보제공자에

그친다는 주장 하에 신용등급 자료는 사용자가 알아서 소화해야 하는 것이라면서 부정확한 신용평가에 대한 책임을 회피하고 있다. 그런데 불행하게도 이들 신용평가회사들의 신용등급 조정이 아직도 많은 투자자들을 울고 웃게 만든다는 사실이다. 예를 들어 2005년과 2007년 사이 스탠더드 앤드 푸어스 신용평가회사로부터 최고 등급인 AAA를 받은 3,430개 주택융자 샘플 중에서 반 이상인 1,900여개 주택융자가 BBB+ 등급 이하로 추락했다. 변화된 주택시장을 반영하는 것이라 어쩔 수 없는 상황이라고 넘어갈 수도 있지만, 하향 조정이 너무나 대규모로 이뤄진다는 점에서 신용평가회사들의 책임을 묻지 않을 수 없다 .

여기서 중요한 것을 지적하고 넘어가야 한다. 신용평가회사들의 역할과 책임에 대한 논의가 지금처럼 활발하게 논의될 소지가 있을 때, 그동안 국가 신용등급이나 외국계 기업 신용등급과 관련하여 이 회사에 불만을 많이 토로해왔던 각국의 정부나 기업들이 일심동체가 되어 그동안의 불만을 강력히 표출해야 한다는 점이다. 극한 상황에서는 독일과 프랑스, 영국 같은 유럽 국가들이나 한국과 일본, 중국 같은 아시아 국가들이 스스로를 위한 신용평가회사를 설립해야 한다. 이런 기회는 결코 자주 오지 않는 법이다.

증권거래위원회(SEC)와 상품선물거래위원회(CFTC)를 통합하는 법안이 나올 전망이다. 투자은행들이 거의 전멸한 상태에서 SEC가 규제해야 할 금융기관들이 많지 않을 뿐 아니라, 나머지 업무도 주로 증권시장 관련 파생상품 쪽이기 때문에 CFTC와의 합병이 예상된다. 물론 현재로서는 해당 기관의 반대도 있고 무엇보다도 정치적 파워를 놓지 않으려는 상원과 하원의원들의 반대가 심해 쉽게 성사되지 않을 가능성도 있지만 SEC의 규제 대상이 대폭 축소된 상태에서 독립기구로서 SEC의 존재는 불확실하다.

또 '비거래 상품'(Non-trading Assets)이나 '시장가격 부재 상품'(Illiquid Assets)에 대한 회계법이 개정될 것이다. 특히 '마크투마켓'(Mark-to-Market: 시가평가) 방법에 대한 현실적 검토가 있을 것이다.

주택융자회사나 보험회사, 헤지 펀드 같은 비금융권 금융회사들에 대한 규제가 엄격히 이뤄질 것이다. 그동안 이들 업계는 규제 사각지대에 놓여 있었다고 할 수 있는데, 업무성격상 비금융권으로 분류되어 특별히 규제를 책임지는 정부 부서가 없었다. 주택융자회사나 보험회사들은 각 주정부의 관리를 받아왔지만, 주정부의 자금난과 인력난 때문에 관리가 제대로 되지 않은 상태였다. 또한 헤지 펀드나 대형 보험회사들은 증권거래위원회의 감독을 받긴 했지만 그렇다고 증권거래위원회가 전적인 감독권을 갖고 있었던 것은 아니었다. 증권거래위원회는 단지 상장기업을 관리하는 차원에서 이들을 감시할 권한을 가질 뿐이었다. 이렇다 보니 감독기관이 비금융권 회사들의 실태도 제대로 파악하지 못하고 있었으며, 정작 문제가 발생하자 대처 방안이 전무한 실정이었다. 대형 보험회사인 AIG가 대형 금융사건으로 증폭된 배경에 바로 이런 감독기관의 무능이 자리 잡고 있다.

파생상품청산소 제도가 도입될 것이다. 특히 신용파산 스와프(CDS)와 관련된 청산소의 설립은 비거래 상품과 유동성 부재 상품에 대한 가치 기준을 설정하는 데 매우 중요한 역할을 맡을 것이기 때문에 반드시 성사되어야 할 사항이다. 한 가지 중요한 것은 신용파산 스와프가 무엇이냐 하는 정의인데, 만약 이 상품이 신용평가 변동에 따른 보험성 계약이라면 현존하는 법규에 의해 각 주정부가 관리 감독할 권한을 갖는다. 반면 이 상품이 신용평가를 기준으로 한 파생상품의 일종이라고 정의되면 증권거래위원회나 상품선물거래위원회에서 감독할 권한을 갖는다. 이럴 경우 연방정부와 주정부가 감독권을 놓고 공방을 벌일 것으로 예상된다. 이런 문제를 해결하기 위해서라도 새로운 법이 제정되어야 한다.

바젤2(Basel II: 국제적인 리스크 관리 모범 규준)에서 결정한 '위험성 자산 대비 자본금 비율'을 놓고 재협상이 벌어질 것이다. 적정 수준의 자본금을 책정하기 위해서 각 금융기관이 보유하고 있는 자산에 대해 어느 정도의 위험률을 부여하느냐에 따라 자본금 운영의 효율성이 판가름 나기 때문이다. 금융권에서는 비교적 안전하다는 쪽으로 자산 위험 평가를 내려 최대한의 '레버리지 효과'(차입금을 지렛대로 삼아 자기자본이익률을 높이는 것)를 원한다. 반면 규제기관에서는 위험도를 높게 평가해 은행들로 하여금 더 보수적으로 자산을 운영하기를 바란다. 이런 줄다리기는 미국 내 규제기관과 금융권에 국한된 것이 아니라 전 세계 모든 국가들이 모여 적정 자본금의 수준을 놓고 재협상을 벌여야 한다. 위험부담율과 레버리지 효과를 잘 저울질하여 전 세계 금융권이 각국의 경기부양에 최대한 이바지할 수 있는 길을 열어야 한다.

금융업에 진출하고자 하는 사모펀드와 기업합병 전문회사들의 활동 범위와 전략이 중요 관심사가 될 것이다. 그동안 규제기관에선 사모펀드와 기업합병 전문회사들의 금융업 진출을 꺼려왔다. 레버리지를 한 단계 높여 위험한 사업에 마구 투자할 것을 우려해서다. 그러나 이번 금융위기를 맞아 모든 자금을 다 동원하여 위기를 벗어나야 한다는 강박관념 때문에 규제기관에서는 이들 회사에게도 기회를 주었다. 즉, 파산 직전의 은행을 매입할 수 있게 길을 열어 주었던 것이다. 그러면서 까다로운 조건들을 걸었는데 그 중 하나가 자본금 비율을 15% 이상으로 해야 한다는 것이었다. 보통은행들이 5%의 자본금 비율을 유지하면 되는데 비해 15%를 요구하자 많은 사모펀드와 기업합병 전문회사들이 참여를 거부했다. 하지만 파산은행 수가 증가하면서 예금보험공사가 보유한 보험금액이 줄어드는 어려운 상황에서 더 이상 사모펀드와 기 싸움을 벌이는 것이 시간낭비라고 판단했는지, 2009년 8월 26일 예금보험공사에서는 자본금 비율을 15%에서 10%로 낮추되 은행을 매입한 사모펀드는 3년 이내에 되팔 수 없도록 하는 규정을 통과시켰다.

현재 진행 중인 정부 산하 각종 구제금융 지원프로그램에 대한 엄

밀한 감시 감독을 위해서 더 많은 공무원들이 필요할 것이며, 이에 따라 공무원들의 수는 계속 증가할 것이다. 한국의 경우에는 1997년 외환위기 때 해외 회계사 및 변호사들이 컨설턴트로 대량 유입되면서 공무원 수의 증가를 둔화시켰다. 하지만 미국에서는 막대한 지원금이 풀린 상황에서 공적 업무를 수행할 공무원들의 수가 늘어날 수밖에 없다.

정부기관에 대한 구제금융이 예상된다

예금보험공사가 당면한 문제　　　2009년 2분기 말 예금보험공사의 현황을 보면 상업은행과 저축은행을 포함하여 8,195개의 은행이 예금보험에 가입해 있고, 이 중에서 416개 은행이 '문제은행'으로 분류되어 있다. 보험에 가입된 예금 총액은 매년 증가하고 있는데 2009년 6월말 현재 4조8,180억 달러로 집계되었다. 그 반면 은행이 파산할 때 그에 대한 피해보상금으로 지불할 수 있는 금액은 매년 하락하여 2009년 8월 현재 104억 달러밖에 되지 않는다. 즉, 전체 보험액에 비해 피해보상용으로 지불 가능한 금액이 0.22%밖에 안 된다는 말이다. 이는 1993년 이래 최저의 비율이다. 이제 예금보험공사가 정부의 구제금융을 받아 지불 가능한 금액을 높이든가 아니면 보험에 가입해 있는 8,195개 은행으로부터 보험료를 더 많이 징수해야 한다. 그렇지 않고서는 예금보험공사의 신용도가 떨어져 또 다른 형태의 금융 불안을 유발시킬 수 있기 때문이다. 하지만 예금보험공사에 가입되어 있는 많은 중소 규모의 은행들은 현재 이익이 나지 않는 상태에서 하늘 높은 줄 모르고 치솟는 보험료를 낼 수 없다고 반발하기 시작했다. 그렇다면 예금보험공사에서는 정부에 구제금융을 신청해야 하며, 그렇게 해서라도 예금보험공사의 자산 견실성을 둘러싼 악성 소문이 무성해지기 전에 하루 속히 이 문제를 해결해야 한다.

연방주택청이 당면한 문제　미국 내 주택융자업을 육성하기 위해 정부에서 후원하는 회사들 중 패니메이와 프레디맥이 제일 잘 알려져 있지만, 이 회사들과 거의 비슷한 성격의 지니메이와 연방주택청에 대해서는 잘 알려져 있지 않다. 이 두 기관은 연방정부 소속 기관이다. 지니메이는 군인 같은 특정 공무원들에게 주택융자를 해 주며, 연방주택청은 저소득층을 상대로 주택융자를 해 주고 그에 대한 보험을 판매하는 기관이다.

　좀 더 쉽게 설명하자. 저소득층 시민이 일반은행에서 주택융자를 받을 경우 신용등급이 낮아 상대적으로 높은 이자를 내야 한다. 또한 은행에서는 저소득층 시민이 월부금을 못 내고 파산할 경우 손해를 입을 수 있기 때문에 대출을 꺼릴 수도 있다. 이런 현실을 감안하여 미국 연방정부에서는 저소득 시민이 주택을 구입할 때 연방주택청에 일정 금액의 보험금을 지불하면 월부금을 못 내서 파산할 경우 연방주택청에서 대출금 전액을 은행에 변제해 준다. 그러므로 연방주택청의 보험이 있으면 은행이 마음 놓고 대출해 줄 수 있기 때문에 저소득층 시민이나 국가 공무원들이 상대적으로 낮은 이자에 융자를 받아 주택을 구입할 수 있다. 결국 이 두 기관은 패니메이와 프레디맥처럼 주택시장을 활성화하는 데 중요한 역할을 하는 기관들이다.

2007년 이후 패니메이와 프레디맥의 융자활동이 대폭 축소되면서 이 두 기관이 그 빈자리를 채워 왔다. 그 결과 지니메이에서 연방주택청의 보험을 들어 보장해 준 주택융자액이 2006년에는 4,100억 달러였으나 2008년엔 5,770억 달러로 늘어났고 2009년 7월까지 6,800억 달러로 추산되고 있다. 이런 증가세라면 2010년 말에는 1조 달러가 넘는 대규모 주택융자금에 대해 보증을 서게 된다.

언뜻 보면 이런 추세는 미국 내 주택경기 회복에 큰 공헌을 하는 것 같아 보이지만 사실상 또 다른 금융위기를 불러올 가능성을 강력히 내포하고 있다. 그 이유는 2009년 6월 현재 연방주택청에 보험을 들어 보장해 준 주택대출계약 중 안정 비율인 3%의 2배가 넘는 7%가 문제로 지적되고 있으며, 그 중 13%는 30일 이상 연체가 된 상황이다. 이런 파산 가능성에 대비해 연방주택청은 손해보상보험을 지불할 준비금을 적정 수준 보유하고 있어야 하는데 현재 그렇지 못하다. 2007년엔 전체 대출 보증액 중 6.4%에 해당하는 지불준비금을 보유하고 있었지만 2009년엔 그 비율이 3%에 지나지 않아 정부 예산을 통해 500억 달러에서 600억 달러 수준의 구제금융이 예상된다.

연방준비은행이 당면한 문제　　연방준비은행의 경우 전통적으로 사기업인 국채전문딜러(Primary Dealer)들을 통해서 재무부 국채를 매매하는 것을 원칙으로 삼았는데, 이번에 금융위기를 겪으면서 재무부 발행 국채를 직접 재무부에서 구입함으로써 연방정부에 무한정 돈을 공급한다는 비난을 받았다. 실상 국채전문딜러들의 역할은 2009년 5월 13일 이후로 전무하고, 그 대신 타 금융기관을 통한 기타 대출 프로그램의 역할이 대폭 늘어났다.

　무엇보다도 중요한 것은 '본원통화'(Monetary Base:중앙은행을 통해 시중에 공급된 통화)가 2008년 후반부터 폭발적으로 증가하여 1조7,000억 달러 수준에 이르고 있다는 사실이다. 이렇듯 많은 본원통화가 화폐량 증가로 이어져 인플레이션이 발생할 것이란 우려를 낳고 있다. 대규모 본원통화를 언제 어떻게 줄이느냐 하는 것이 미국 연방준비은행의 고민거리로 남아 있다.

7장

미국 금융위기의 터널은 언제 끝날까?

그렇다면 미국의 금융위기는 과연 언제쯤 끝날까? 질문은 간단하지만, 그 답은 결코 간단하지 않다. 2009년 하반기로 접어들면서 급상승하는 주식시장을 보면서 그동안 실시해 왔던 대규모 세금환불정책과 각종 유동성 제공 정책이 실효를 보이기 시작했다고 말하는 경제 분석가들이 있다. 하지만 아직도 금융위기가 진행 중이기 때문에 정부 재정지출을 더 늘리고 유동성을 더 많이 제공해야 한다고 주장하는 이도 있다.

다음의 표를 보면, 2008년 11월 25일 기준으로 미국의 연방준비은행과 예금보험공사, 재무부, 주택공사 등 4개 정부기관이 금융위기를 해소하기 위해 실제로 집행한 금액과 지출 가능한 최대 금액을 종합하면 7조4,000억 달러라는 천문학적인 금액이 나온다. 이 중에서 이미 2조8,360억 달러가 지출되었다.

표21. 2008년 11월 25일 현재 연방정부 기관별 구제금융으로 지원이 가능한
최대 금액과 이미 집행한 금액 현황(단위: 달러)

기관별 지출 프로그램	지출 가능한 최대 금액	이미 집행한 금액
Federal Reserve Banks	4조5,000억	1조8,000억
(Net Portfolio Commercial Paper Funding)	1조8,000억	2,709억
(Term Auction Facility)	9,000억	9,000억
(Other Assets)	6,019억	6,019억
(Money Market Investor Funding Facility)	5,400억	0
(Term Securities Lending)	2,500억	1,902억
(Other Credit Extensions)	1,228억	1,228억
(Primary Credit Discount)	926억	926억
(Asset-backed Commercial Paper Liquidity)	619억	619억
(Primary Dealers and Others)	466억	466억
(Net Portfolio Maiden Lane for Bear Stearns)	288억	269억
(Securities Lending Overnight)	103억	103억
(Secondary Credit)	1억1,800만	1억1,800만
FDIC	1조5,000억	1,390억
(FDIC Liquidity Guarantees)	1조4,000억	0
(Loan Guarantee to GE Capital)	1,390억	1,390억
U.S. Treasury	1조1,000억	5,970억
(TARP)	7,000억	3,500억
(Fannie Mae/Freddie Mac Bailout)	2,000억	0
(Stimulus Package via Tax Refund)	1,680억	1,680억
(Treasury Foreign Exchange Stabilization Fund)	500억	500억
(Tax Breaks for Banks)	290억	290억
Federal Housing Administration	3,000억	3,000억
(Hope for Homeowners)	3,000억	3,000억
Grand Total	7조4,000억	2조8360억

(출처: http://www.bloomberg.com/apps/data?pid=avimage&iid=i0YrUuvkygWs

앞의 표에도 특기할 만한 것이 있다. 첫째, 이번 구제금융지원정책에 정부의 각 부처가 폭넓게 참여하고 있다는 점이다. 둘째, 너무나 다양한 구제금융 프로그램이 동원되고 있다는 점이다. 예를 들어 연방준비은행이 유동성을 제공하기 위해 운영하는 프로그램은 무려 13개에 달하며, 재무부에서도 5개 프로그램을 운영하고 있다. 셋째, 구제금융 규모가 너무나 방대하다는 점이다.

이런 현실을 이해하려면 미국 정부가 지금까지 각종 전쟁에 지출한 비용이나 구제금융 비용과 비교하는 것이 가장 쉬운 방법이다. 다음 도표에서 보듯, 미국의 최대 금융사건이던 1980년대 저축은행 파산 사건을 해결하기 위해 당시 비용으로 총 1,530억 달러가 소요됐다고 한다. 이 금액을 물가상승률을 감안하여 2008년 현재의 가치로 환산하면 2,560억 달러가 된다. 이런 식으로 2008년 금액으로 환산해 보면 한국전쟁엔 4,540억 달러, 베트남전쟁엔 6,980억 달러, 제2차 세계대전에는 3조6,000억 달러가 각각 소요된 것으로 집계된다. 그런데 이 비용을 모두 합쳐도 현재 미국 정부가 금융위기 해결에 산정해 놓은 최대 지출액 7조4,000억 달러에는 크게 못 미친다. 이 수치는 미국이 이번 금융위기를 벗어나려고 얼마나 많은 돈을 붓고 있는지, 그리고 금융위기의 확산을 방지하기 위해 얼마나 많은 금액을 실제로 지출하고 있는지를 잘 보여주고 있다. 실로 미국은 금융위기를 해결하기 위해 역사 이래 최대의 자금을 쏟아 붓고 있는 것이다.

표22. 다양한 위기별로 투입된 정부 예산 규모(단위:달러)

사건	당시 지출금액	2008년 현재로 환산한 금액
1980년대 저축은행 구제금융	1,530억	2,560억
한국전쟁	540억	4,540억
베트남전쟁	1,110억	6,980억
제2차 세계대전	2,880억	3조6,000억
현 금융위기(2008년 11월말)	7조4,000억	7조4,000억

*2008년 11월 말로 산출된 현 금융위기 지출금액은 지출 가능한 최대 금액임.
(출처: The blog site of Barry Ritholtz, November 25, 2008, "Bailouts, Markets, Taxes and Policy." http://www.ritholtz.com/blog/2008/11/big-bailouts-bigger-bucks/ 참조.)

상상을 초월할 정도의 유동성을 금융기관에 제공하면서도 경제회복에 대한 확신이 2009년 상반기까지는 없었다. 하지만 하반기에 들어서면서부터 미국의 많은 경제전문가들이 2007년 12월에 시작한 경기침체가 드디어 2009년 3분기에 종료될 것이라고 예측하고 있다. 그 결과 그동안 금융위기 구조작업의 핵심 멤버였던 연방준비제도이사회 벤자민 버냉키 의장이 2010년 2월 1일에 시작되는 4년 임기의 은행장직에 연임됨으로써 미국 금융시장에 안정을 심어 주고 있다. 다시 말해 2009년 5월 이후 미국 경기를 보면 물가상승률과 이자율은 아직도 낮은 수준이고 집값은 바닥에서 조금씩 안정세를 보이고 있다. 신규 주택건설도 7월 들어 그 전 5개월간의 약한 상승세를 계속 유지하고 있으며 주택건설회사의 대표 격인 톨 브러더스(Toll Brothers)는 4년 만에 처음으로 신규 주택건설 주문이 취소보다 더 많았다. 또한 기업 이윤이 점차 나아지면서 주식시장도 회복세를 상당히 보였다.

하지만 아직도 경기회복에 대해 불확실성이 강하게 남아 있다. 우선 마이너스 성장을 하고 있는 국내총생산이나 9.4%에 달하는 실업률, 하락세를 벗어나지 못하고 있는 주택가격, 풀리는 듯 하지만 아직도 확신이 없는 소비자 신뢰지수, 충족시키기 어려운 대출 조건, 끝이 안 보이는 차압 주택의 증가세, 더욱 길어지는 실직기간 등 모두가 경기회복을 낙관하지 못하게 만드는 요인들이다.

표23. 주택대출 종류별 차압실태

대출 종류	시기	전체 대출 대비 비율	차압 비율
프라임 고정금리 대출	2008년 2분기	65.2%	20.4%
	2009년 2분기	65.5%	32.4%
프라임 변동금리 대출	2008년 2분기	14.2%	23.8%
	2009년 2분기	12.4%	5.1%
서브프라임 고정금리 대출	2008년 2분기	6.5%	12.3%
	2009년 2분기	6.3%	13.2%
서브프라임 변동금리 대출	2008년 2분기	6.0%	36.3%
	2009년 2분기	5.0%	20.2%
연방주택청(FHA) 대출	2008년 2분기	8.2%	7.1%
	2009년 2분기	10.7%	9.1%

(출처: Nick Timiraos, "Souring Prime Loans Compound Mortgage Woes," The Wall Street Journal, August 21, 2009, A4.
http://online.wsj.com/article/SB125082120504548471.html 참조.)

좀 낫다는 기업 이윤도 자세히 들여다보면 그동안 가혹할 정도로 직원들을 대량 해고함으로써 얻은 결과일 뿐이다. 중산층의 해고 인

구가 증가하면서 신용등급 미달자인 서브프라임이 문제가 아니라 신용등급 우량자인 프라임 차입자(prime borrower)들의 파산 문제가 심각하게 거론되고 있다.

2009년 8월 21일자 월스트리트 저널은 이 문제를 다루면서 앞의 도표에서 보듯 주택대출 종류별 차압 실태를 2008년 2분기와 2009년 2분기를 비교 분석했다. 이 도표는 전체 대출은 줄어든 반면 차압률은 서브프라임 변동금리 대출을 제외하곤 모두 증가한 것으로 나타난다. 심각한 상황은 미국 중산층의 근간을 이루고 있는 프라임 고정금리 대출 중 32.4%가 차압 상태에 들어가 있다는 사실이다. 이는 전년 동기의 20.4%에 비해 현저히 높아진 것이며, 미국의 주택대출 문제가 아직도 꺼지지 않은 불씨로 남아 있음을 잘 보여주고 있다.

또한 2009년 8월 22일자 이코노미스트 잡지는 현재의 추세가 2011년까지 지속된다면 미국의 전체 주택융자 중 최고 48%가 주택자산가치가 차입금보다 낮은 주택이 될 것이라고 예측하고 있다. 이렇게 될 경우 소비자들의 불안 심리는 쉽게 걷히지 않을 것이며 더불어 경기회복도 쉽지 않을 것이란 전망이다.

무엇보다도 중요한 것은 직장을 잃은 국민들이 구매력을 상실하면서 일반 소비를 통한 경기회복을 바라기 힘들어진다는 점이다. 소비자들의 구매력이 약하다는 것은 소매업이나 도매업의 장사가 안 된다는 얘기이고, 그러다 보니 가게 건물 주인들이 임대료를 제때 걷지 못하게 된다. 세입자들이 월세를 못 내니 이제는 상업용 건물 주인이

은행에 월부금을 지급하지 못하고 있다. 말하자면 일반 주거용 부동산에서 발생한 금융위기가 한풀 꺾이는가 싶더니 다시 상업용 부동산으로 그 불길이 번지고 있다.

이런 상황에서 경제분석가들은 저마다 미국의 증시가 U자나 V자, 아니면 W자형의 회복을 보일 것이라고 예측하고 있다. U자나 V자형 회복을 논하는 분석가들은 이제 완전히 회복 국면에 들어갔기 때문에 경기가 상승하는 일만 남았을 것이라고 기대하는 낙관론자들이다. 반면 W형의 회복일 것이라고 주장하는 분석가들은 2009년 2분기부터 상승세를 보인 미국 증시가 서머 랠리(Summer Rally: 여름철에 주가가 상승하는 장세)의 덕을 보고 있지만 여러 가지 불안 요소 때문에 조만간 하락세로 돌아설 것이라고 우려한다. U자든 V자든, W자든 결국 장기적 전망은 미국 주가가 상승하고 경기가 살아난다는 예측이다. 단 그 시기가 문제일 뿐이다.

회복 시기를 예측하기 위해 경제전문가들은 1973~75년, 1981~82년, 그리고 1990~91년의 경기침체와 비교 분석하기를 즐긴다. 이 경기침체 중 1981~82년 경기침체가 되풀이 될까 우려된다. 1981~82년의 경기침체가 있기 1년 전인 1980년에 6개월에 걸쳐 초단기 경기침체가 있었다. 결국 1980년부터 1983년 사이의 미국 경제를 보면 두 번의 하락세를 보여주면서 더블딥(Double Dip), 즉 W자형의 회복을 보여주었다.

당시 상황을 잠깐 되돌아보도록 하자. 이란에서 1979년에 발생한 이슬람혁명 이후 전 세계의 원유가격이 급등하면서 인플레이션이 발생했다. 연 10%가 넘는 인플레이션을 잡기 위해 당시 연방준비은행장이던 폴 보커(Paul Volcker)는 초강경 고금리정책을 실시했다. 1981년 6월에는 연방기금금리가 20%를 기록하기도 했다. 고금리 하에서 경제는 얼어붙고 침체되었지만, 인플레이션을 붙잡은 덕에 그 이후 92개월 동안 경기침체 없이 순조로운 경제성장을 구가할 수 있었다. 물론 2009년 현재 미국 경제는 경기회복이 완료되거나 그에 따른 인플레이션 문제로 고민하고 있지는 않다. 하지만 지나친 유동성과 재정지출에 힘입어 1980년대처럼 경기가 반짝 살아났다가 그 여파로 인플레이션이 발생하면 고금리정책이 도입될 것이고, 그에 따라 제2의 경기침체가 곧 뒤를 이을 수 있다는 우려가 지적되고 있다.

　미국 경기가 회복할 경우 인플레이션 발생 여부가 중요한 문제로 대두된다. 즉, 경기회복에 따라 인플레이션이 발생할 가능성이 높아지는데 이에 대한 조치를 인플레이션 조짐이 나타나기 전에 취하느냐, 아니면 발생한 후에 취하느냐 하는 것이 초미의 관심사가 될 것이다. 그동안 2조 달러 이상의 자금을 시중에 푼 연방준비은행에서 인플레이션 조짐이 나타난 뒤에 이자율을 인상하는 조치를 취한다면 인플레이션을 잡기가 힘들어져 또 다른 금융위기 내지 스태그플레이션(stagflation:경기불황 중에도 물가가 오르는 현상)을 초래할 가능성이 있다고 본다.

　그런 반면에 인플레이션이 발생하기 전에 인플레이션을 미연에 방지하고자 이자율을 인상할 경우 경기회복이 완료되지 않은 상태가 될 수 있으므로 이 조치 역시 또 다른 경기둔화를 몰고 올 수 있다. 경기가 완전히 회복되기 전에 이자율을 인상시켜 제2의 경기침체를 야기하는 실수를, 1930년대 대공항 뿐 아니라 1980년대를 포함하여 그 이후에도 수없이 저지른 연방준비은행으로서는 그런 불미스런 전철을 밟지 않으려고 애쓸 것이다. 그렇다면 버냉키 연방준비은행장은 인플레이션 조짐이 나타날 때까지 이자율을 인상하지 않을 전망이다. 미국 내 단기 이자율은 2010년 중반까지 변동 없이 0%~0.25%를 유지할 것이며, 이자율을 인상하기 전에 현재까지 담보로 잡고 있는 1조2,000억 달러 규모의 각종 장기채권 규모를 서서히 줄여나갈 것이다. 말하자면 연방준비은행이 보유하고 있는 채권 규모의 증감 추세를 보면 앞으로 미국의 단기 이자가 인상될 시기와 경기 회복세를 가늠할 수 있을 것이다. 무엇보다 중요한 것은 미국의 채권시장이 민간 금융기관에 의해 수요공급이 결정되는 것이 아니라 2007년 이후 특히 그랬듯이 당분간은 재무부와 연방준비은행에 의해 결정될 것이라는 점이다.

8장

미국의 금융위기가 한국엔 어떤 메시지를 던질까?

심각하게 번져만 가는 미국의 초대형 금융위기는 한국의 경제성장을 잠시 둔화시켰을 뿐 10여 년 전의 외환위기 같은 상황을 초래하지는 않았다. 예전엔 미국이 감기에 걸리면 한국은 독감에 걸린다는 우스갯소리로 한국 경제의 취약성을 평하기도 했다. 하지만 이번 미국 금융위기의 경우에는 미국이 독감에 걸렸을 때 한국은 감기 정도로 끝났다고 할 수 있다. 이는 일본이나 중국, 인도 같은 주변 국가에서도 볼 수 있는 현상이었다. 즉, 미국의 금융위기는 선진국이라 불리는 유럽의 영국, 프랑스, 독일 등을 제외하곤 대부분 큰 고통 없이 스쳐 지나갔다. 혹자는 한국을 포함한 아시아 국가들이 1997년에 외환위기를 겪었기 때문에 어려운 금융위기 상황에 잘 대처할 수 있었다고 분석하기도 한다. 반면 선진국들은 그런 경험이 최근에 없었기 때문에 더 큰 고통을 당했다고도 한다.

하지만 더 근본적인 이유가 있다고 본다. 주택관련 파생상품에 대해 잘 몰랐던 국가들은 상대적으로 피해가 적었고, 반대로 좀 안다고 매매에 가담했던 국가들은 큰 타격을 입었다. 신용평가가 품질을 보장한다고 맹신하면서 자신들이 매입하는 상품에 대해 심도 있는 분석을 등한시했던 많은 선진 금융기관들이 가해자이자 피해자인 양면성을 보여 주었다. 안다는 사람들이 일을 만들고 그에 따른 화까지 입은 것이다. 그렇다고 모르는 것이 아는 것보다 낫다고 단순 평가하거나 자축해서는 안 된다.

과거에도 그랬지만 미래에도 자본시장은 끊임없이 변화를 요구한다. 변화라고 해서 모두가 다 유익한 것만은 아니다. 하지만 자본시장에서 성공하려면 변화를 창출하고 변화에 도전하고 때로는 변화에 순응할 수 있어야 한다. 이번에 미국의 금융위기를 겪으면서 한국에도 비슷한 사태가 전개된다면 정부나 기업, 국민들이 과연 어떻게 대응했을 것인가를 생각해 보지 않을 수 없다. 지난 1997년의 외환위기와 비슷하다고 생각하여 그 때 그 방식을 그대로 사용할 것인가. 아니면 어떤 비장의 비상대책을 세워놓은 것이 있는가.

한국의 금융업계를 현대화시키고 아시아의 금융 중심으로 발전시키려고 수년간 부산스레 떠들었던 '동북아 금융 허브' 구상은 언제부턴가 언론에서 슬그머니 사라져버렸다. 위기는 준비한 자가 해결한다고 하지 않던가. 우리도 준비를 해야 한다. 특히 우리 금융인들이 생소하게 느끼는 많은 업무 영역이 자본시장통합법의 실행과 맞물려 우리에게 빠른 속도로 다가오고 있다. 모르는 것이 약이라고 생각하지 말고 아는 것이 힘이라고 생각해야 할 때이다. 그것이 미국 금융위기가 우리에게 주는 큰 교훈이다.

종합적으로 보면 미국의 금융위기는 우리에게 많은 것을 가르쳐 주고 있다. 우선 대형화되어가는 금융기관에 대비해 규제 당국자들의 질적, 양적 성장이 있어야 한다. 무조건 작은 정부를 선호해서는 안 되고, 필요에 따라 인원도 보충할 수 있는 결단이 필요하다. 과거 미국 정부는 재정적자를 지나치게 의식하여 공무원 수를 늘리는 데 인색했다. 그렇다 보니 능력 있는 공무원들이 부족한 사태가 벌어졌고, 비상시 해결책을 강구하는 데 시간이 많이 걸렸다. 일반 기업이 생산성 높은 직원들의 육성에 최선을 다하듯, 정부에서도 효율성 높은 공무원들을 육성하는 일에 최선을 다해야 한다. 미국의 경우 금융전문 공무원들이 충분하지 않아 금융위기를 일으킨 당사자들을 해결사로 고용해야 하는 아이러니에 봉착했다.

또한 대형화된 금융기관의 역할을 철저히 분석하여 그 기관들이 파산할 때를 대비한 해결 방안을 미리 검토해 두는 작업이 필요하다. 비상시에 대비하여 자구책을 미리 준비해야 한다는 뜻이다. 우리는 1997년 외환위기를 맞았을 때 다시는 그런 불미스런 일이 없도록 하기 위해 뭔가를 하자고 외쳤지만, 이번에 또 다시 미국 발 세계적 금융위기 앞에서 요동치는 환율을 멀뚱히 보고만 있어야 했다. 막대한 외환보유고가 있다고 했지만, 미국과 외환 스와프를 할 때까지 별 묘

수가 없었다. 이런 상황을 미루어 볼 때, 좀 더 구체화된 비상대책이 있어야 한다. 또한 우리는 자본시장통합법을 발효시키면서 해외 금융기관들과 경쟁해야 하는 상황이 됐다. 이럴 경우 과연 우리 금융기관들이 경쟁에서 살아남을 수 있을까. 또 우리나라의 규제기관들은 국내 및 해외 기관들을 효율적으로 규제할 준비가 되어 있는가. 대규모 외국 금융기관이 국내에서 파산을 신청한다면 그것이 국내 경제엔 어떤 영향을 미칠 것이며, 그들이 남기고 갈 다양한 종류의 파생상품에 대해 얼마나 잘 이해하고 있으며 또 어떤 조치를 취할 수 있을까? 노름판에서는 돈을 잃으면서 배운다고 하는데, 우리는 1997년 외환위기 때 엄청난 국고 손실을 감수하면서 과연 무엇을 배웠는가. 우리는 이번 미국의 금융위기를 보면서 우리가 준비해야 할 사항들을 다시 한 번 철저히 점검해 봐야 한다.

금융시장은 신용에 의해 유지된다. 이번 금융위기는 신용이 고갈될 경우 세상이 어떻게 변하는지를 잘 보여주었다. 신용경색에 따라 금융시장에 유동성이 고갈되면 그렇게나 잘나가던 투자은행도, 보험회사도, 상업은행도 한 순간에 눈 녹듯 없어지는 현실을 보았다. 자본시장을 원만하게 이끌어가려면 금융기관이나 규제기관이 신경 써야 할 최대의 과제가 유동성 예측이라는 것을 알았다. 또한 유동성은 '레버리지'와 관계가 깊다. 그렇기 때문에 레버리지를 이해하고 그 파급효과를 점칠 수 있는, 금융 전반의 리스크 관리에 대한 심도 있는 연구와 그에 상응하는 대안이 있어야 한다. 리스크 관리를 잘 하려면, 파생상품을 조립 생산하는 금융공학에 대한 폭넓은 이해가 있어야 하는데 과연 우리나라 규제기관은 얼마나 준비가 되어 있는지 스스로 반성을 해 보아야 한다. 물론 간단하고 골치도 아프지 않은 규제방법도 있다. 규제 기관이 이해 못하는 것은 못하게 하면 되는 것이다. 하지만 불행히도 그런 시대는 지나갔다. 오로지 준비하는 자만이 승리하는 그런 시대에 살고 있기 때문이다.

이런 차원에서 우리는 항상 공부를 해야 한다. 우리 시장뿐만 아니라 해외시장에 관해서도 훤히 꿰뚫어야 한다. 미국의 금융위기는 우리의 잘못이 아니라 바로 미국의 통화정책과 재정정책에 기인한 것이다.

또 금융시장의 심리도 잘 알아야 한다. 낮은 금리가 오랫동안 지속되다 보면 좀 더 많은 이익을 위해 더 많은 위험부담을 불사하는 인간의 심리, 옳건 그르건 남들이 다하니까 나도 해야 하는 군중심리. 이런 모든 것들에 대해 폭 넓은 연구와 이해가 있어야 한다.

무엇보다도 우리는 자본시장이 갖고 있는 양면성을 잘 이해해야 한다. 성공하면 대박이고 실패하면 쪽박이란 우리 말 그대로 자본시장에서는 투자의 성공 여부에 따라 천지 차이가 있다. 자본주의는 성공을 하는 개인이나 기업에겐 커다란 보상을 안겨준다. 그렇기 때문에 이들은 끊임없이 남보다 한발 앞서 가고자 하고 더 나은 상품이나 서비스를 제공하려 노력한다. 즉, 성공함으로써 받을 수 있는 개인적 인센티브가 인류 역사 이래 최대인 시기에 우리는 살고 있다. 그것이

자본주의가 갖고 있는 역동성이며 최대의 장점이다. 인센티브 없는 공산주의 체제가 얼마나 쉽게 무너져 내렸는지, 구(舊) 소련의 예를 통해 우리는 잘 알고 있다. 또한 같은 공산주의 체제 속에서도 개인들에게 인센티브를 주면서 이제는 세계의 강국으로 자리잡아가는 중국도 우리는 보고 있다. 하지만 이런 인센티브 제도가 갖고 있는 취약점도 잘 알아야 한다. 성과에 따라 보상이 지급되는 인센티브 제도는 간혹 잘못된 행동을 유발한다. 실제보다 결과를 더 부풀려 더 많은 보상을 받으려는 인간의 욕심이 바로 아킬레스 건으로 자리하고 있는 것이다. 미국의 금융위기가 우리에게 보여준 단면 중 하나가 바로 월가의 투자은행 직원들이 파생상품이 내포하고 있는 위험은 염두에 두지 않고 오로지 많이 팔아 자신들의 판매 수수료와 매매 이익만 남기려 든 행태다. 인센티브 제도를 지나치게 의식한 나머지 생긴 탐욕이다. 또한 주택융자 브로커들이나 주택 감정사들, 융자회사 직원들 모두가 개인의 보상을 극대화하기 위해 남을 전혀 배려하지 않았다.

 미국의 금융위기는 우리 인간들의 욕심이 얼마나 큰 화를 초래할 수 있는가를 보여주었다. 하지만 인간들은 그렇게 태어났다. 소나무가 침엽수임을 한탄한들 무슨 소용이 있겠는가. 오로지 주어진 소임을 충실히 수행하는 것만이 소나무가 할 수 있는 일이다. 욕심스럽게 태어난 것을 탓할 것이 아니라 욕심이 있음을 인정하고 그 욕심을 조절할 수 있는 능력을 길러야 한다는 뜻이다. 그러기 위해서는 인센티브를 인정하는 보너스 제도에 대한 점검이 필요하다. 그런 제도 대신에 회사가 잘 될 때는 플러스 보너스를 받지만 안 될 때는 마이너스 보너스를 받는 제도를 강구해야 한다. 이럴 경우 인센티브를 통해 개인에 대한 적절한 보상을 인정하면서도 개인의 맹목적이고 일방적인 이윤 추구에 의해 시스템 전체가 몰락하는 상황은 방지할 수 있다. 자본주의의 주춧돌 중 하나인 인센티브 제도에 대한 재점검이 반드시 필요하다.

금융시장은 자본(Capital)과 신용(Credit)이란 두 바퀴가 안정감(Security)이란 체인(Chain)으로 연결되어 굴러간다. 두 바퀴 중 어느 하나라도 없으면 자전거는 굴러가지 못한다. 또한 체인이 망가져도 굴러가지 않는다. 이번 미국의 금융위기는 연방준비은행과 재무부를 통해 자본이 무한정 공급되었지만 냉각하는 경기 때문에 신용이란 바퀴에 구멍이 났고 사회 전반에 대한 불안감 때문에 체인이 망가졌으니 제대로 굴러갈 수가 없는 상황이었다. 이제 조금씩 불안감이 걷히고 신용이란 바퀴에 바람이 주입되면서 삐걱거리며 움직일 준비를 하고 있다. 완전히 수리가 안 된 상태에서 주행을 하면 머지않아 또 고장이 날 수 있다. 그렇다고 마냥 수리만 하고 있을 수도 없는 상황이다. 한 가지 중요한 것은 굴러가는 자전거는 쓰러지지 않는다는 사실이다. 넘어져 있는 자전거를 보고 낙담을 할 것이 아니라 움직이는 자전거에 동승할 준비를 하는 것이 현명한 결단이다. 미국의 금융위기

를 조롱할 것이 아니라 미국의 위기를 이용할 줄 아는 현명함이 필요
하다. 미국 시장에서 눈부시게 활동하고 있는 삼성전자를 보자. 현대
자동차를 보자. LG를 보자. 위기는 곧 기회이다.